Sei achtsam mit dir

Dr. Patrizia Collard

Sei achtsam mit dir

Achtsamkeit und Selbstmitgefühl:
Der leichteste Weg, dir etwas Gutes zu tun

Aus dem Englischen übertragen von
Diane von Weltzien

Lotos

Die Originalausgabe erschien 2014 unter dem Titel »Mindfulness For Compassionate Living« bei Gaia Books, ein Imprint von Octopus Publishing Group Ltd, Carmelite House, 50 Victoria Embankment, EC4YODZ, England.

Die in diesem Buch vorgestellten Informationen und Empfehlungen sind nach bestem Wissen und Gewissen geprüft. Dennoch übernehmen die Autorin und der Verlag keinerlei Haftung für Schäden irgendwelcher Art, die sich direkt oder indirekt aus dem Gebrauch der hier beschriebenen Anwendungen ergeben. Bitte nehmen Sie im Zweifelsfall bzw. bei ernsthaften Beschwerden immer professionelle Diagnose und Therapie durch ärztliche oder naturheilkundliche Hilfe in Anspruch.

Die Verlagsgruppe Random House weist ausdrücklich darauf hin, dass im Text enthaltene externe Links vom Verlag nur bis zum Zeitpunkt der Buchveröffentlichung eingesehen werden konnten. Auf spätere Veränderungen hat der Verlag keinerlei Einfluss. Eine Haftung des Verlags für externe Links ist stets ausgeschlossen.

Erste Auflage 2017
Copyright © 2014 by Patrizia Collard
Copyright © der deutschsprachigen Ausgabe 2017 by Lotos Verlag, München, in der Verlagsgruppe Random House GmbH,
Neumarkter Straße 28, 81673 München
Alle Rechte sind vorbehalten. Printed in Germany.
Design und Layout Copyright © Octopus Publishing Group Ltd 2014
Illustrationen: Abigail Read
Redaktion: Nadine Lipp
Umschlaggestaltung: Guter Punkt, München
unter Verwendung eines Motivs von © shu99 / thinkstock
Satz: Satzwerk Huber, Germering
Printed in Hong Kong
ISBN 978-3-7787-8272-9

www.Ansata-Integral-Lotos-verlag.de
www.facebook.com/Integral.Lotos.Ansata

Die Lotosblüte ist ein Symbol des Mitgefühls. Die einzigartige Blüte, die aus dem Morast herauswächst, steht für die Schönheit von Geist, Herz und Verstand, die aus dem Menschen sprießen.

Inhalt

    Einführung 6

1 Die Saat des Selbstmitgefühls
    säen 14

2 Mitgefühl, Empathie und
    Herzensgüte 26

3 Ich, ich, ich und gut genug sein 46

4 Das mitfühlende Gehirn 66

5 Gesunde Zuneigung und
    Selbstannahme 82

6 Vergeben lernen 96

7 Sich Ängsten öffnen und
    Belastbarkeit entwickeln 110

8 Mitfühlender Führungsstil,
    mitfühlendes Leben 124

    Register 142
    Autorin 144
    Dank 144

Einführung

Als ich vor zehn Jahren an meinem ersten Metta-(liebevolle Güte)-Retreat teilnahm, erklärte mir eine meiner gelehrtesten Lehrerinnen, dass Selbstmitgefühl der Schlüssel zur Auflösung destruktiver Gefühle ist. Da ich mich besonders für Achtsamkeit interessierte, wollte ich wissen, in welcher Beziehung sie zum Selbstmitgefühl steht, und sie erklärte, beide seien eins. Wie bei Yin und Yang sei Mitgefühl die entscheidende Fähigkeit, die Achtsamkeit um das »Lieben, was ist« ergänze und um die Wahrnehmung seiner selbst als kostbarer Diamant, der nur hier und da ein wenig poliert werden müsse.

Im Verlauf der letzten acht Jahre konnte ich beobachten, welchen Bedeutungszuwachs Mitgefühltrainings etwa in der Medizin oder Psychotherapie erlangten und wie wissenschaftliche Veröffentlichungen zum Thema Mitgefühl und liebevolle Güte von Jahr zu Jahr zunahmen.

Wissenschaftler und Therapeuten haben sich in den letzten zehn Jahren intensiv mit der »Wissenschaft des Mitgefühls« befasst. Sie versuchen, Wesen und Ursprung von Empathie und selbstlosem Verhalten in Bezug auf andere zu erforschen. Gegenwärtig entwickeln sie Methoden, um Einfühlungsvermögen, Mitgefühl und Selbstlosigkeit zu messen. Zukünftig wird man mit ihnen die Wirksamkeit der angebotenen Trainings zur Steigerung von Selbstliebe und Mitgefühl beurteilen können.

Viele Veröffentlichungen in diesem Bereich nutzen die Lotosblüte als Symbol für Mitgefühl. Die einzigartige Blüte, die aus dem Morast herauswächst, steht für die Schönheit von Geist, Herz und Verstand, die in ihrer Vollendung aus dem Menschsein entstehen kann, das weit häufiger Negativität, Verbrechen und Egoismus zu verkörpern scheint.

Wo hat das Mitgefühl seinen Sitz, und wie kann man es fördern? Dieses Buch soll ein Schatzkasten für Sie werden, mit neuen Ideen und Weisheiten, um Ihr Mitgefühl und vor allem Ihr Selbstmitgefühl ausbauen und vertiefen zu können. Es nimmt Sie mit auf eine Reise, die bei Darwins Theorie vom »Überleben des Stärksten« startet und zeigt, wie oft sie in der Natur widerlegt wird. Außerdem wollen wir in alten Weisheiten nach für uns Nützlichem suchen. Spirituelle Lehrer wie Christus und Buddha wollten Menschen nicht nur wachrütteln, sie wollten sie auch veranlassen, Mitgefühl und Liebe zu praktizieren. Ihre Nachfolger wie Gandhi, Martin Luther King oder der Dalai Lama brachten Charakterstärke und Vision zum Ausdruck und zugleich Gestalt gewordenes Selbstmitgefühl. Ohne Letzteres kann man nur schwer mitfühlend leben, sich um andere oder die Umwelt kümmern. Über aufrichtige Selbstliebe erhalten wir Zugang zu unserer wahren Güte, erkennen unsere Gaben und erfahren die Freude, beides mit anderen zu teilen.

Wir wollen unsere Herzen öffnen für Märchen und echte Lebensgeschichten, für Parabeln und Poesie und für Einsichten, die uns auf unserer Suche weiterbringen. Letztlich wollen wir herausfinden, warum Mitgefühl in diesen Zeiten des Umbruchs und des Narzissmus so wichtig ist.

Wir wollen unsere Herzen öffnen für
Märchen und echte Lebensgeschichten,
für Parabeln und Poesie und für Einsichten,
die uns auf unserer Suche weiterbringen.

Einführung

Jedes Kapitel enthält mindestens eine Übung, mithilfe derer Sie lernen können, mehr Mitgefühl für sich und andere zu empfinden. Sobald Sie auf den Geschmack gekommen sind, werden Sie nicht mehr auf sie verzichten wollen. Warum nicht hier und jetzt beginnen? Wie reagieren Sie, wenn Sie Ihren Anforderungen an sich nicht genügen? Bestimmt wissen Sie, wie man sich mit Affirmationen antreibt. Wenn Sie das nächste Mal auf Schwierigkeiten stoßen, dann könnten Sie es doch einmal mit Güte versuchen.

Selbstmitgefühl heißt, auch dann freundlich zu sich zu sein und sich nicht zu verurteilen, wenn etwas schiefgeht. Eine wissenschaftliche Studie (im *Journal of Personality and Social Psychology*, 2007, 92/5, S. 887-904) kommt zu dem Schluss, dass Selbstmitgefühl für das menschliche Wohlbefinden entscheidend ist. Bisher hatten Sozialwissenschaftler ein gutes Selbstwertgefühl – eine positive Selbsteinschätzung verbunden mit der empfundenen Wertschätzung durch andere – als Voraussetzung für Wohlbefinden gesehen. Doch, nur an sich zu glauben, reicht offenbar nicht aus; erforderlich ist außerdem, sich selbst liebevoll zu behandeln.

Selbstmitgefühl besteht aus drei Komponenten: liebevoller Umgang mit sich selbst, Menschlichkeit und achtsame Akzeptanz. Nicht alle Menschen mit einem guten Selbstwertgefühl bringen auch Mitgefühl für sich auf. Doch ist wohl Selbstmitgefühl und nicht Selbstwertgefühl der Schlüssel zu Belastbarkeit angesichts von Widrigkeiten. »Wer zwar mit sich zufrieden ist, sich aber bei jedem Scheitern selbst beschimpft, der kann Herausforderungen nicht meistern, ohne sich gegen sich selbst zu verteidigen«, erklärt der Psychologieprofessor Mark R. Leary von der Duke University in North Carolina.

Für Ihren Weg zum Selbstmitgefühl benötigen Sie ein Tagebuch. Wählen Sie eines, dessen Umschlag Sie entweder selbst gestalten können oder der Ihnen gut gefällt, sodass Sie es gerne in die Hand nehmen. Wir wollen die Saat des Mitgefühls ausbringen, und Ihr Tagebuch ist das Beet, in dem die ersten symbolischen Pflanzen Ihres Selbstmitgefühls wachsen werden. Es wird Sie leiten, bereichern und dazu inspirieren, auch dann nicht aufzugeben, wenn Sie in Ihrem Leben gerade schwere Zeiten durchmachen.

Beginnen Sie, indem Sie auf der ersten Seite festhalten, warum Sie Selbstmitgefühl und Selbstliebe entwickeln wollen. Was veranlasst Sie zu dieser Reise?

Einen Kuss, den wollen wir mit unserem ganzen Leben

Es gibt einen Kuss,
den wollen wir mit unserem ganzen Leben,
den Hauch von Geist auf unserer Haut.
Meerwasser bettelt,
dass die Perle ihre Schale öffnen möge.
Nachts öffne ich das Fenster
und bitte den Mond herein,
sein Gesicht gegen das meine zu drücken,
mich zu beatmen.
Schließ die Sprachtür
und öffne das Liebesfenster.
Der Mond braucht die Tür nicht,
nur das Fenster.
Es gibt einen Kuss,
den wollen wir mit unserem ganzen Leben.

Dschalal ad-Din ar-Rumi
(1207–1273)

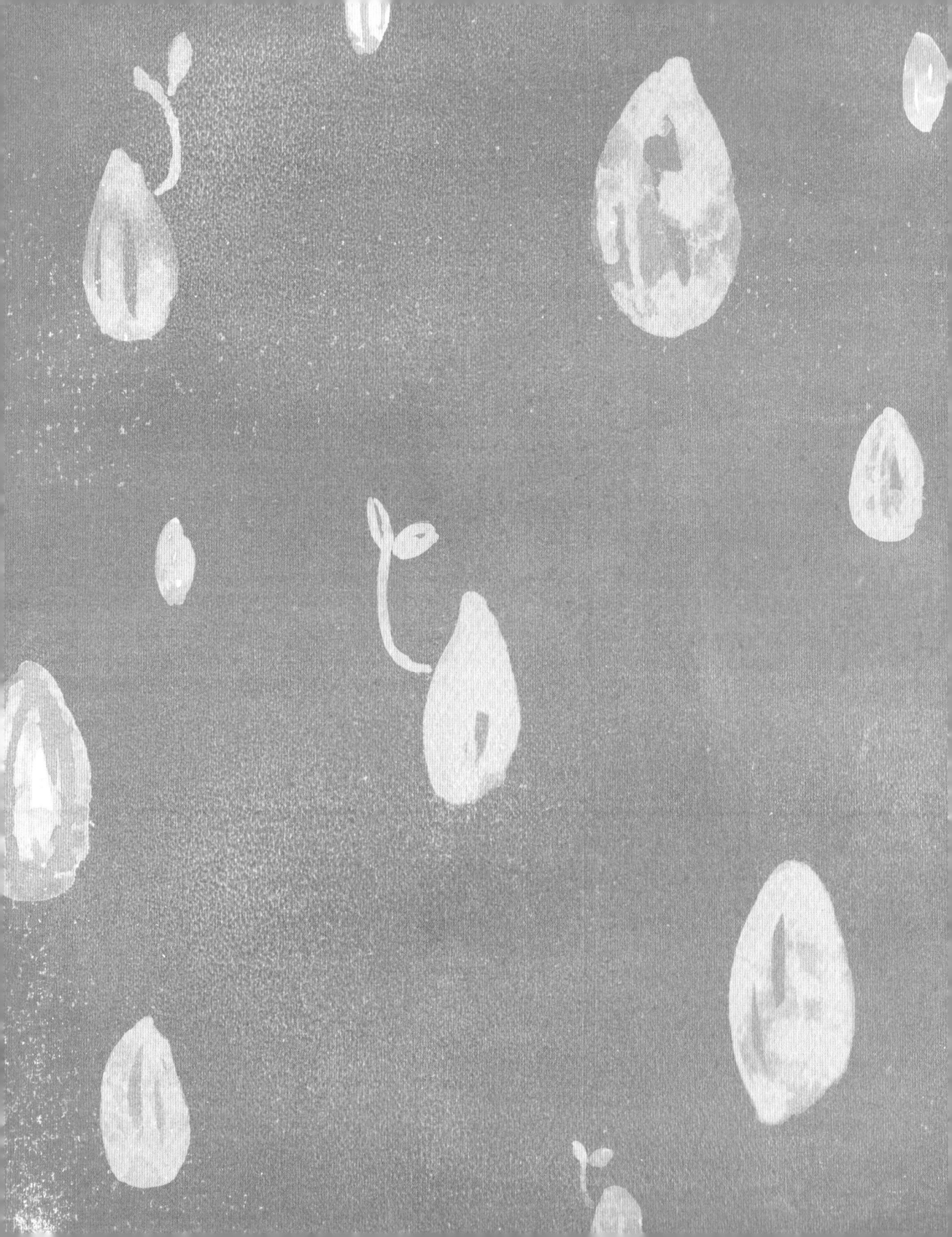

1 Die Saat des Selbstmitgefühls säen

Kapitel 1

> *Jeder Mensch braucht und verdient Mitgefühl, auch das Mitgefühl, das er sich selbst gewährt.*
>
> Sharon Salzberg, Meditationslehrerin

ICH HABE NUR WAGE ERINNERUNGEN an die Geburt meines Bruders, aber ich weiß, man verlangte von mir, ihm freundlich und sanft zu begegnen. Als er sechs Monate alt war, pflückte ich eine große Schokoladenkugel vom Weihnachtsbaum und stopfte sie ihm in den Mund. Zunächst war er still und lutschte an meinem Geschenk. Dann wimmerte er, denn weinen konnte er nicht – sein Mund war zu voll –, und ich sah zu.

Meine Mutter erkannte, dass etwas nicht stimmte, und fischte die Schokolade aus seinem Mund. Ihr war nicht klar, was mich zu meinem Handeln veranlasst hatte (mir auch nicht), doch sie erklärte mir, dass man dem anderen gegenüber Güte zeigt, damit er sich besser fühlt.

Ich bin nicht sicher, ob ich überhaupt Güte zeigen wollte; schließlich war er das neue Baby, das meine Mutter die ganze Zeit im Arm hielt. Auch wenn ich kaum zwei Jahre alt war, wusste ich genau, was Güte war. Sie bewirkte, dass ich mich gut, gewollt, angenommen und geliebt fühlte.

Mitgefühl kann man lernen (zum Glück). Das durch Mitgefühl aktivierte Gehirnareal kann sogar wachsen, wenn Sie die Übungen in diesem Buch regelmäßig wiederholen.

Emotionale Heilung

Selbstmitgefühl kann die Basis für emotionale Heilung sein. Beginnen Sie, indem Sie Ihr Bewusstsein auf den gegenwärtigen Augenblick richten. Halten Sie sich nicht mit der Vergangenheit oder mit Zukunftsängsten auf. Wenn Sie mit Ihrer ganzen Aufmerksamkeit im Jetzt sind (in dem Ihr Leben stattfindet), dann bemerken Sie vielleicht schwierige Emotionen wie Selbstzweifel, Orientierungslosigkeit, Angst, Wut, Traurigkeit, Einsamkeit und Scham. Verurteilen Sie sich nicht für diese Emotionen, denn sie sind Bestandteil des Menschseins. Nehmen Sie wahr, was in Ihnen aufsteigt, und reagieren Sie auf Herausforderungen so gut Sie können mit Güte, Geduld und Verständnis. Denken Sie daran, das Leben ist Veränderung, und auch der gegenwärtige Augenblick wird vorübergehen.

»Mitgefühl ist das wache Bewusstsein dafür, dass alle Dinge voneinander abhängen«, so definierte der Mystiker Thomas Merton den Begriff nur wenige Stunden vor seinem Tod.

Jeder kann achtsames Selbstmitgefühl entwickeln und sich selbst, insbesondere im Leid, wie man es bei geliebten Menschen tun würde, wenn sie niedergeschlagen und verzweifelt sind, stetig Güte und Wohlwollen entgegenbringen.

Die Saat des Selbstmitgefühls säen

Wenn wir uns vor Augen führen, wie weit die Welt vom Frieden entfernt ist, dann scheint Selbstmitgefühl ein hochgestecktes Ziel: Kriege auf mehreren Kontinenten, eine aus dem Gleichgewicht geratende Umwelt und Menschen, die einander aggressiv unterdrücken oder sogar töten. Wir müssen in dieser verrückten Welt bei Verstand bleiben, und das kann eine Herausforderung sein. Mitgefühl basiert auf der Einsicht, dass der andere nicht der andere ist und dass ich nicht ich bin. Mit anderen Worten, indem ich andere liebe, liebe ich mich selbst, und das ist in meinem ureigenen Interesse. Mir ist das Glück geschenkt, den anderen von seinem Schmerz, der auch der meine ist, befreien zu können. Mitgefühl ist ohne Wenn und Aber im Interesse eines jeden. Diese Erkenntnis ist umso notwendiger, als es um das Überleben unseres globalen Dorfes geht, darum, andere zu lieben, die anders sind als wir, uns selbst zu lieben, indem wir andere lieben. Es geht darum, uns selbst zu lieben, indem wir andere lieben. Es geht darum, die Möglichkeiten der Liebe und des Überlebens zu lieben. Es geht um die eine Liebe, die alles durchdringt.

Durch Achtsamkeit kommen wir auf all die Bereiche unseres Lebens zurück, in denen es noch an Ruhe und Frieden mangelt. Achtsamkeit lehrt uns außerdem, meditative Übungen geduldig zu wiederholen und immer wieder von vorn zu beginnen, auch wenn wir vorübergehend die Orientierung verlieren.

Menschliche Güte

Paul Gilbert, ein führender britischer Psychologe auf dem Gebiet einer auf Mitgefühl basierenden Therapie, sieht Mitgefühl im Wesentlichen als menschliche Güte, »der ein tiefes Bewusstsein vom eigenen Leid und dem Leid anderer in Verbindung mit dem Wunsch und dem Bemühen, es nachzuvollziehen« zugrunde liegt. Was Mitgefühl ist, erfahren wir beim Anblick eines Kindes, das bekümmert ist vom Leid eines geliebten Haustiers, oder einer Mutter, die das Weinen ihres Säuglings nachempfindet. Es trifft uns mitten ins Herz, und wir wollen dem Leidenden sofort beistehen.

Echtes Mitgefühl bedeutet außerdem aufrichtiges Wohlwollen – Verständnis statt harter Kritik, wenn andere Fehler machen – und die Einsicht, dass es in unserer Natur liegt, auch einmal falschzuliegen. Denn wir alle versagen und unterliegen Irrtümern.

Im Jahr 2011 erinnerte David Brooks in einem Artikel in der *New York Times* an Darwins Theorie des »Survival of the fittest«, dem Überleben der Angepasstesten. Nur die stärksten Arten können überleben, und sie müssen nicht nur stark, sondern auch von sich selbst besessen oder wenigstens egoistisch sein. Mehr Ichbezogenheit als der *Homo sapiens* bringt niemand auf, argumentiert Brooks. Er stürzt sich bereitwillig in den Kampf – für Status, eine gute Lebensweise, einen attraktiven Partner. Gelegentlich kommen einem jedoch Geschichten zu Ohren, die nicht in das Raster der Ichbezogenheit passen. Neurobiologen, Evolutionspsychologen und andere Wissenschaftler forschen inzwischen zunehmend über Empathie, Mitgefühl und Teamarbeit. Auch wenn wir uns überwiegend auf unsere eigenen Bedürfnisse und Wünsche konzentrieren, belohnen wir Gutherzigkeit mit Güte, und hoffen so auf Hilfe in der Not. Menschen erinnern sich an die Großzügigkeit anderer und ziehen es vor, mit freundlichen Menschen zusammenzuarbeiten.

Kooperative Teams sind erfolgreicher. Partnerschaftliches Verhalten spielt in der Evolution eine zentrale Rolle. In seinem Buch *Warum wir kooperieren* beschreibt Michael Tomasello, dass Kleinkinder einander helfen und Informationen austauschen. Hingegen teilen gleichaltrige Schimpansen ihre Nahrung nicht mit fremden Artgenossen. Im Gegensatz zu Menschenaffen nehmen Kinder mit 14 Monaten wahr, wenn Erwachsene in Schwierigkeiten sind, und versuchen zu helfen. Daraus lässt sich schließen, dass sich der menschliche Verstand anders entwickelt hat als der von anderen Primaten. Wir sind kooperationsfähig. In seinem Buch *The Righteous Mind* stellt Jonathan Haidt die These auf, dass wir »altruistische Giraffen« sind. So wie Giraffen, um zu überleben, einen längeren Hals entwickelt haben, so hat der Mensch Moral entwickelt, um für den Erfolg seiner Art zu sorgen.

Wenn wir traumatische Erfahrungen machen, dann kritisieren wir uns dafür gerne selbst (»Typisch, dass mir so etwas passiert!«). Wir fühlen uns schlecht und ziehen uns innerlich zurück. Kristin Neff, Professorin für Humanentwicklung und -kultur an der University of Texas, und der klinische Psychologe Christopher Germer sind überzeugt, dass Selbstmitgefühl uns hilft, Traumata und einhergehende physische und emotionale Verletzungen zu heilen. Sie raten zu Selbstfreundlichkeit und zu der Einsicht, dass negative Gefühle schließlich immer von Veränderungen hinweggefegt werden.

In meiner Zeit bei Amnesty International musste ich auch Berichte von Folteropfern lesen. Es war auffallend, dass Tibeter offenbar weniger unter posttraumatischen Belastungsstörungen litten. Bei der Befragung sagten mehrere von ihnen, dass sie sich zwar furchtbar verletzt fühlten durch das, was andere Menschen ihnen angetan hatten, doch noch schlimmer sei die Vorstellung, wie sehr ihre Folterer wohl litten, wenn sie sich an ihre schrecklichen Taten erinnerten.

Die Saat des Selbstmitgefühls säen

Übung: Mitfühlendes Schreiben

Wir alle sind irgendwann einmal unglücklich mit unserem Aussehen oder unseren Fähigkeiten. Nachfolgend erhalten Sie die Gelegenheit, zu »irrationalem Tun« Ihre Frustration abzubauen und Selbstmitgefühl zu üben.

1 Listen Sie in einem Brief an sich selbst alle Ihre »Unvollkommenheiten« auf. Halten Sie nichts zurück. Wenn Sie dabei Kraftausdrücke benutzen müssen, um Ihrem Ärger Luft zu machen, nur zu!

2 Denken Sie an eine Person, der Sie sehr viel bedeuten. (Falls Ihnen das Visualisieren der Person schwerfällt, dann stellen Sie sich ihren Namen als Buchstabenfolge in Ihrem Herzen vor.) Wie würde diese Person reagieren, wenn Sie ihr den Brief vorläsen? Malen Sie sich aus, dass dieser Mensch Sie bedingungslos liebt und Sie in Ihrem Wesenskern wahrnimmt. Wie würde er auf Sie eingehen? Nehmen Sie die Aufgabe ernst. Die Person kennt Sie und würde es Ihnen sagen, wenn Sie wirklich Schaden anrichten.

3 Nun schreiben Sie an sich einen Antwortbrief aus der Perspektive dieser Person. Schlüpfen Sie in ihr Einfühlungsvermögen; denken Sie an alles, was ihr einfallen würde, wenn sie Sie mitfühlend und gütig, mit Wärme, Akzeptanz an Sie denkt und Sie mit der aufrichtigen Intention wahrnimmt, Ihnen zu helfen und Sie als den Menschen zu lieben, der Sie sind.

4 Lesen Sie den Brief mehrmals und spüren Sie, wie Ihr Herz reagiert. Wie fühlt es sich an? Welche Worte oder Sätze fallen Ihnen ein? So erhalten Sie einen ersten Eindruck, wie sich Selbstmitgefühl anfühlt.

5 Nehmen Sie den Brief immer dann zur Hand, wenn Sie mit sich zu selbstkritisch sind. Oder erinnern Sie sich an das Gefühl des Selbstmitgefühls, das die Lektüre dieses Briefes bei Ihnen ausgelöst hat.

Übung: Die Musik spüren

Die nachfolgende Übung wurde von meiner Kollegin Helen Stephenson inspiriert, die sich an eine miterlebte Quäker-Versammlung erinnerte. (Sie kann auch dann hilfreich sein, wenn darin das höhere Selbst als »Gott« bezeichnet wird oder für Sie andere spirituelle Prinzipien gelten, oder Sie sich nach Ihrem eigenen höheren Selbst richten.)

> *Wenn du im Gebet vor Gott hintrittst, dann kannst du ihm nichts vorenthalten. Du begibst dich in diesen Augenblick mit jedem Menschen, Ereignis, Gedanken und Gefühl vor Gott, die dein Leben ausmachen, also auch mit deinem Chaos. Mein Gebet besteht eigentlich nur aus einem Satz: Hier bin ich, ein vollkommenes Durcheinander.*

Mutter Mary Clare vom anglikanischen Orden der Schwestern von der Liebe Gottes zitiert von Jack Nicholls in *Struggling to be Holy* von Judy Hirst, 2008

Vater Jonathan trug das obige Zitat in der Morgenandacht vor, und Helen fühlte sich davon tief berührt. Nach 30 Jahren Erfahrung mit Meditation, Yoga und Therapie hatte sie sich damit abgefunden, dass wir in der Meditation zwar tiefen Frieden erfahren und uns durch die Erfahrung verändert fühlen können, dass sich aber letztlich doch nichts verändert hat. Als körperzentrierte Therapeutin würde Helen sagen, der Körper erinnert sich. Unser Körper erinnert sich, auch wenn wir vergessen. Er erinnert sich an freundliche ebenso wie an unfreundliche Handlungen, daran, ob wir uns geliebt oder zurückgewiesen gefühlt haben. Als Kinder konnten wir Unfreundlichkeit und Zurückweisung nicht verarbeiten. Wir fühlten uns verletzt und abgelehnt – ein Gefühl, dass wir als Selbstablehnung weiterhin mit uns herumtragen.

Doch wir vergessen, dass in uns die sprudelnde Kraft des Lebens – oder Gott – gegenwärtig ist. Man kann es lernen, diese vibrierende und freudige Energie zu spüren, und sich durch sie geliebt zu fühlen. Ja, mit der nachfolgenden einfachen Übung kehren wir zurück zu uns selbst; unser Körper sehnt sich nach der Gegenwart unseres Geistes, so wie das Kind erst entspannen kann, wenn es der liebenden Gegenwart der Eltern gewiss ist.

Die musikalische Körperübung hilft Ihnen zu entspannen und ist der erste Schritt hin zur Selbstliebe. Planen Sie etwa 20-30 Minuten dafür ein, der beste Zeitpunkt ist der frühe Morgen oder die Zeit vor dem Zubettgehen. Sie benötigen sanft fließende Instrumentalmusik. Wählen Sie ein Stück, das Ihnen etwas bedeutet, oder auch jedes Mal ein anderes. Die Übung ist eine Einladung, die Musik in jedem Teil des Körpers und schließlich im gesamten Körper zu spüren. Halten Sie sich bei jedem der nachfolgend genannten Körperteile wenigstens eine Minute lang auf (sechs bis acht Atemzüge). Paarige Körperteile zählen als eines.

Die Saat des Selbstmitgefühls säen

Lauschen Sie nun der Musik und spüren Sie sie in sich:

Füße
Knöchel
Waden
Knie
Schenkel
Fortpflanzungsorgane und Gesäß
Hüften Bauch Brust
Schultern
Oberarme
Ellbogen
Unterarme
Handgelenke
Hände
Schultergürtel
Hals
Gesicht
Kopf
Gesamter Körper

Wenn Sie die Übung abgeschlossen und die Musik bis in die Zellen gespürt haben, dann halten Sie das Gefühl noch ein wenig fest. Beschränken Sie sich möglichst nur auf Atmen und Sein. Erst wenn Sie bereit dazu sind, tragen Sie in Ihrem Tagebuch ein (es ist nur für Ihre Augen bestimmt!), was Sie erlebt haben.

Liebe (III)

Liebe empfing mich, aber meine Seele war blind
   vom Staub der Schuld und Sünde.
Doch die wache Liebe sah mich,
   der ich sogleich aufgeben wollte,
Wandte sich mir herzlich zu und fragte,
   ob mir irgendetwas fehle.

Ein Gast, so ich, der deiner würdig ist.
   Das wirst du, spricht die Liebe.
Ich, ganz Lieblosigkeit und Undank? Ach, Liebe
   Ich darf das Auge nicht zu dir erheben.
Liebe nahm meine Hand, fragte lächelnd mich:
   Schuf nicht dein Auge ich?

Wohl wahr, aber ich hab's verdorben;
   Spüren möge ich die verdienten Folgen.
Und weißt du nicht, fragt Liebe, wer schuld ist?
   Ich: Lass mich büßen und dir dienen.
Setz dich, sprach die Liebe, und koste mein
   Mahl.
   Ich tat's und aß.

George Herbert (1593-1632)

Dieses wunderschöne Gedicht klingt wie eine leidenschaftliche Liebeserklärung an den Menschen und wird einige von Ihnen sicher tief berühren. Es hebt hervor, dass wir lediglich die Bereitschaft zur Gegenwärtigkeit mitbringen müssen, um uns in lebendiges Mitgefühl zu verwandeln.

2 Mitgefühl, Empathie und Herzensgüte

DAS LEBEN KANN EINE HERAUSFORDERUNG SEIN. Vor Jahrtausenden lebten Menschen in kleinen Gruppen mit bis zu 30 Personen. Die Älteren, Gebrechlichen oder Schwangeren kümmerten sich um die Kinder, kochten, hüteten das Lager und versorgten die Kranken, während die jüngeren Männer und Frauen jagten.

Mammuts etwa wurden als Geschenk gesehen (wie es die Inuit heute bei Walen tun). Ein einziges Exemplar ernährte den Stamm wochenlang. Die Frauen sammelten unterwegs Beeren und Wurzeln, doch sie jagten auch mit den Männern.

Heutzutage kommt Teamarbeit im Alltag viel seltener vor, es sei denn, man wurde beauftragt, im Team zu arbeiten, oder mag Mannschaftssportarten. Anderen Hilfe ohne Gegenleistung anzubieten, gilt als unvernünftig. Schließlich leben wir in schwierigen Zeiten, und man kann nie wissen, wann uns etwas zunutze kommt. Folglich liegt es im Trend, alles zu horten. Zwanghaftes Horten und Sammeln gilt schon seit Längerem als psychische Erkrankung. Wer hortet, fühlt sich inmitten der Dinge sicherer als unter Menschen. Die meisten von uns sind normale Horter, wir füllen Räume, Garagen, Dachböden und Schuppen entweder für Notfälle oder einfach nur weil uns die Zeit zum Aussortieren fehlt.

Großzügigkeit hingegen bedeutet, jemandem grundlos zu helfen. Energie, Talente, Zeit, Fähigkeiten und Besitz mit ihm zu teilen, statt alles nur für sich zu behalten. Und zwar ohne Hintergedanken.

Wahrscheinlich werde ich nur einmal durch diese Welt gehen; möge ich also keine gute Tat, keine Güte, die ich einem Mitgeschöpf erweisen kann, jemals aufschieben oder versäumen, denn ich werde diesen Weg nicht noch einmal beschreiten.

Dem Quäkermissionar Stephen Grellet (1773-1855) zugeschrieben

Empathie

Wenn wir Kummer haben, ist es Balsam für die Seele, wenn jemand für uns da ist. Müssen wir z.B. zu einem Gerichtstermin oder ins Krankenhaus, wird jemand, der sich um uns sorgt, uns begleiten wollen. Allein das Teilen der Erfahrung mit einem anderen Menschen verringert den Druck aufs Herz. Schon die Gegenwart eines empathischen Menschen ist tröstlich. In unserem Inneren spüren wir, dass andere die gleichen Bedürfnisse haben wie wir. Das nennt man Empathie. Sie besteht aus emotionalem und rationalem Verstehen und beginnt mit dem Wunsch, die Situation eines anderen nachzuvollziehen, ohne etwas hinzuzufügen oder fortzulassen.

Manchmal haben wir das Bedürfnis, über Dinge zu sprechen, auch wenn der andere keine Lösung parat hat; aber bereits das empathische Zuhören kann heilend wirken, weil wir uns wahrgenommen fühlen, wenn ein anderer unsere Erfahrungen teilt. Empathisches Zuhören kann unser Herz zutiefst berühren, insbesondere wenn der andere uns seine Ängste, seine Verwirrung, Wut und Verzweiflung oder sogar seine Traumata eröffnet. In einem solchen Augenblick sind wir für den bekümmerten Menschen da und enthalten uns jeden Urteils. Es ist ein freundlicher und selbstloser Akt, das eigene Herz für den Kummer des anderen zu öffnen.

Empathie wird oft subtil und nonverbal vermittelt. Ein Blick kann Verständnis für die Verzweiflung des anderen ausdrücken; wenn eine Person schlechte Nachrichten empfängt und wir ihre Hand halten, kann dies schon die entscheidende Unterstützung sein.

Was ist es, das uns so stark miteinander verbindet? Haben wir uns dieses Verhalten in jungen Jahren bei anderen abgeschaut? Empathie wird von speziellen Hirnzellen namens Spiegelneuronen hervorgerufen. Italienische Wissenschaftler meinen, dass wir Empathie durch Beobachten und Imitieren erlernen. Wenn wir bei einem anderen Menschen eine Gefühlsbewegung wahrnehmen, dann meint unser Gehirn, dass wir dieses Gefühl gleichfalls erleben. Forscher versuchen zu beweisen, dass unser Gehirn einen physiologischen Vorgang in psychologischer Form simulieren kann. Der Neurobiologe Vittorio Gallese sagt: »Dieser neuronale Mechanismus ist automatisiert ... wir wissen ohne Nachdenken um das Tun und Fühlen anderer.«

In Beziehungen spielt dieses Phänomen eine entscheidende Rolle. Die Spiegelneuronen zeigen auf, dass eine echte Verbindung existiert zwischen der Wahrnehmung bzw. dem Erleben eines Geschehnisses und dem zugehörigen Handeln bzw. Empfinden der Folgen. Spiegelneuronen sind der Nährboden der Empathie. Sie sind verantwortlich für die Leidenschaft, mit der wir das Spiel unseres Lieblingstennisspielers verfolgen, für unseren Wunsch, großen Athleten und Schauspielern nachzueifern, und für unsere Fähigkeit, uns in die Situation und die Gefühle anderer hineinzuversetzen. Wenn Sie also einer Freundin versichern, dass Sie wissen, wie sie sich fühlt, dann sind das nicht nur leere Worte. Dank der Spiegelneuronen empfinden Sie ihre Emotionen wirklich.

Mitgefühl, Empathie und Herzensgüte

Die Macht der Liebe

Liebe lässt Bitteres süß schmecken.
Liebe macht Schmerz zu Heilbalsam.
Liebe verwandelt Dornen in Rosen.
Liebe macht Essig zu süßem Wein.
Liebe macht harten Stein weich wie Butter.
Durch Liebe wird weiches Wachs zu hartem Eisen.
Durch Liebe erhält Trauer das Aroma von Freude.
Durch Liebe sind Stiche wie Honig.
Durch Liebe sind Löwen harmlos wie Mäuse.
Durch Liebe ist Krankheit Gesundheit.
Liebe erweckt Tote zum Leben.
Liebe macht den König demütig wie einen Sklaven.

Dschalal ad-Din ar-Rumi (1207-1273)

Herzensgüte

Sobald man aufrichtig spürt und akzeptiert, dass alle Geschöpfe Bedürfnisse haben und das Leben ein Kampf ist und sich dafür öffnet, anderen bei der Befriedigung ihrer Bedürfnisse behilflich zu sein, gelangt man in den Bereich der Herzensgüte. Sie ist das bewusste Streben danach, die Not und das Leid anderer zu mindern.

Nicht die Größe des dargebotenen Geschenks oder der Geste ist bei der Großzügigkeit entscheidend, sondern allein die Reinheit der Absicht. Tief im Inneren ist Ihnen das vermutlich bewusst. Die meisten von uns bewundern diejenigen aufrichtig, die ohne Gegenleistung geben können.

In ihrem Buch über beglückende Entscheidungen kommen Rick Foster und Greg Hicks auf den jüdischen Philosophen Maimonides zu sprechen. Er schrieb im 12. Jahrhundert über Herzensgüte und meinte damit, für die Bedürftigen einen Ausgangspunkt zu schaffen, von dem aus sie sich um sich selbst kümmern können und dann auch eine Chance zu echter Unabhängigkeit haben. In vielerlei Hinsicht ist es genau das, was gemeinnützige Organisationen heute erreichen wollen: den Leuten zu zeigen, wie man einen Brunnen bohrt, damit sie es in Zukunft ohne Hilfe schaffen.

Wie kann Herzensgüte zu Wohlbefinden führen? Schon Kinder wissen intuitiv, wie gut es sich anfühlt, eine Blume, ein Bild, ein Lächeln oder eine Umarmung zu verschenken – oft sogar besser, als selbst etwas zu bekommen.

Wissenschaftliche Forschungsergebnisse an Universitäten in Paris, Harvard und Amsterdam zeigen, dass Großzügigkeit die Ausschüttung von Oxytocin erhöht. Dieses Hormon, das im Zusammenhang mit stillenden Müttern bekannt geworden ist, senkt den Blutdruck, mindert die Ausschüttung des Stresshormons Cortisol, erhöht die Schmerzschwelle, verringert Angst und stimuliert eine Reihe positiver sozialer Interaktionen. Außerdem verursacht Oxytocin Gefühle der Befriedigung und verringert Unruhe. Der Cortisolspiegel sinkt, wenn unsere Ängste abnehmen, und das heißt, dass unser Gehirn effektiver an Lösungen arbeiten kann. Weitere Studien an Universitäten in Zürich, Rostock und an der Justus-Liebig-Universität Gießen verweisen auf einen Zusammenhang zwischen Oxytocin und der Vertiefung menschlichen Bondings und Vertrauens. Herzensgüte verbindet uns mit unseren Mitmenschen, und soziale Bindungen sind ein wirksames Mittel, um unser Glück zu steigern.

Menschen und ihre Großzügigkeit

Der amerikanische Neuroökonom Paul J. Zak beschäftigt sich mit Menschen und ihrer Großzügigkeit. Der Nachweis, dass Oxytocin dazu beiträgt, dass wir Vertrauen gegenüber anderen Menschen entwickeln, war bereits erbracht, und Zak wollte wissen, ob es Menschen möglicherweise auch großzügiger macht. Einigen der Teilnehmer seines Experiments wurden nach dem Zufallsprinzip ca. 40 Dollar ausgehändigt, verbunden mit der Bitte, das Geld mit den anderen zu teilen. Die Entscheidung lag bei ihnen; wenn sie wollten, durften sie das Geld auch mit nach Hause nehmen. Sie erfuhren nicht, wie die anderen entschieden. Mittels eines Nasensprays erhielt die eine Hälfte der Teilnehmer Oxytocin, die andere Hälfte nur eine Salzlösung. Die Oxytocin-Gruppe zeigte sich um 80 Prozent großzügiger als die Gruppe mit der Salzlösung. Als die Teilnehmer nach Hause gingen, bat Zak sie, einen Teil des erhaltenen Geldes zu spenden. Ein Drittel der Teilnehmer kam der Bitte nach und machte eine Spende von durchschnittlich sechs Dollar. Und wer spendete am großzügigsten? Diejenigen, die sich von Anfang an großzügiger zeigten. Möglicherweise produzieren manche Menschen mehr Oxytocin und sind deshalb von Natur aus großzügiger. Vielleicht verstärken Geben und Kommunikation aber auch die Oxytocin-Ausschüttung, und sie sind damit ein probates Mittel, um das eigene Glück zu steigern.

Großzügigkeit ist also der Ausdruck des Interesses am Wohlergehen anderer (liebevolle Güte). Sie können Ihre Zeit oder nützliche Kontakte einbringen, sich als Zuhörer oder Mentor zur Verfügung stellen oder auch nur jemandem den Vortritt lassen (siehe »Sues Geschichte«, Seite 78). Berührt werden wir von der Liebe, Güte und dem Mitgefühl, den Werten also, die hinter diesen Gesten, ob groß oder klein, stehen.

Geldspenden oder offizielle Belohnungen etwa durch Steuersenkungen sind nicht zwangsläufig Ausdruck von Großzügigkeit. Natürlich ist das noch immer besser, als gar nichts zu tun, doch optimal ist es, wenn nur das Herz von der liebevollen Tat weiß. Je mehr wir hingegen horten, desto mehr wächst die Angst, Dinge oder Positionen zu verlieren. Ein zu großes Festklammern kann mehr Leid verursachen, als das Fehlen dieser Dinge zuvor je ausgelöst hat.

Aus der philosophischen Perspektive des Buddhismus ist Nicht-Anhaftung vermutlich das wichtigste Lernziel. »Anhaftung ist der Ursprung, die Wurzel des Leids; folglich ist sie auch seine Ursache«, so der Dalai Lama.

Wer Nicht-Anhaftung praktiziert, schwimmt gegen den Strom der Gesellschaft. Schon früh wird uns beigebracht, andere zu überflügeln und Reichtum, Besitz und Macht anzuhäufen. Kleine Kinder wissen noch nichts von derartigen Anhaftungen, doch sobald sie zur Schule gehen, lernen sie, sich selbst von anderen »abzusondern« und nach größerem Erfolg zu streben. Wir begehren »mehr« und hassen jene, die dieses Mehr haben. Wir werden zu Egoismus »eingeladen«. Nur selten lernen

wir, dass ein »Wir« der einfachere Weg durchs Leben ist als ein »Ich« – denn dafür müssten wir das Konkurrenzdenken abschalten.

Diese Tatsache mit Erfahrungen zu beleben, könnte helfen, die destruktive egoistische Lebensweise wenigstens zu reduzieren. Indem wir uns bewusst machen, dass wir alle überwiegend das gleiche »Spiel« spielen, erkennen wir, dass unser selbst verschuldetes Leid nur durch Mitgefühl zu verringern ist. An einem schönen Sonnenuntergang, einer guten Mahlzeit oder einer neuen Liebe dürfen wir uns natürlich trotzdem erfreuen. Das Leben kann wunderschön sein, doch sobald wir schöne Erlebnisse und Empfindungen am laufenden Band erfahren wollen, machen wir alles kaputt. Verlustängste verursachen Leid. Am besten ist es, im Augenblick zu leben und zu wissen, dass auch der schönste Moment irgendwann vorüber ist – erleben, loslassen und sich dessen bewusst sein.

Wenn Ihr Tun dem anderen ein Lächeln ins Gesicht zaubert, dann können Sie die Erinnerung daran in sich – in Ihrem Körper! – bewahren. Manchmal meinen Sie vielleicht, dass Sie nichts zu geben oder zu teilen hätten, aber dann vergessen Sie, dass ein freundliches Wort oder gemeinsames Schweigen genau das ist, was Ihnen in einer ähnlichen Situation auch helfen würde. Teilen kann Ihnen Ihren eigenen Wert und Reichtum offenbaren.

Großzügigkeit kann Ihnen sogar helfen, Ihre Habseligkeiten erfinderischer zu nutzen. Profitieren Sie ausreichend von ihnen, oder wären sie für eine andere Person von größerem Nutzen? Sie könnten in Ihrem Umfeld mehr Fülle schaffen, wenn Sie den Objekten und auch der Energie gestatteten, sich auszubreiten. Außerdem möchten Sie vielleicht auch die Fixierung auf Ihre eigenen Interessen einschränken. Wenn sich Schenken gut anfühlt, dann ist es naheliegend, dass Ihr Glück wächst, wenn Sie Ihre Herzensgüte pflegen.

In China hatte ich eine äußerst freigebige Freundin. Ich bewunderte sie dafür. Eines Tages trug sie wunderschöne blaue Topasohrringe. Ich machte eine Bemerkung darüber, wie gut sie ihr standen und ihre blauen Augen unterstrichen. Als ich ein Jahr später meine Abschiedsparty gab, um nach England zurückzukehren, überreichte sie mir eine kleine Schachtel. Als ich sie öffnete, war ich fassungslos: Sie schenkte mir ihre wunderschönen Ohrringe! Erst wollte ich sie nicht annehmen, doch sie sagte: »Dir werden sie noch besser stehen.« Sie zeigte mir, wie wunderbar sich echte Großzügigkeit anfühlt, und ich muss immer an sie denken, wenn ich die Ohrringe trage.

Großzügigkeit lässt unser Mitgefühl wachsen und reifen.

Ute Bock

Ute Bock lebt für die Bedürftigen und ist eine von vielen weltweit agierenden Friedensfrauen (siehe www.1000peacewomen.org). Sie lebt in Wien und hilft Flüchtlingen unter dem Motto: »Es ist nicht sinnvoll, Menschen zu Unterprivilegierten zu machen. Selbst wenn diese Menschen in ihre Länder zurückkehren, ist es besser, wenn sie hier zuvor etwas lernen.«

Bis Ute Bock im Jahr 2000 in Rente ging, war sie Sozialarbeiterin und Lehrerin. Bereits in den 1970ern hatte sie sich um jugendliche Gastarbeiterkinder gekümmert. Später sorgte sie für die Unterbringung von jugendlichen Flüchtlingen aus Kriegsgebieten. Sie schickte niemals auch nur einen Jugendlichen fort, egal woher er kam. Als sie sie selbst nicht mehr unterbringen konnte, mietete und finanzierte sie Wohnungen, in denen sie gemeinsam leben konnten.

Als Rentnerin verbringt sie nun einen Großteil ihrer Zeit damit, aus 200 afrikanischen Immigranten in 50 Wohnungen und Häusern eine Gemeinschaft zu formen, und ist deshalb unter dem Spitznamen »Mama Afrika« bekannt.

Ute Bock setzt für die Finanzierung ihres Projekts ihre Rente, Ersparnisse, Preise und Spenden ein. Manche bezeichnen sie als »Mutter der Verstoßenen«, andere halten sie für verrückt, weil sie ihre Zeit und ihr Geld auf diese Weise investiert. Ich bewundere diese Verrücktheit: Ute Bock erwartet keine Gegenleistungen; ihr Tun macht sie glücklich.

> *Wir sollen so geben, wie wir empfangen möchten, froh, rasch und ohne Zögern; denn ein Geschenk, das noch an den Fingern klebt, ist wertlos.*
>
> Seneca (ca. 4 v.Chr. – 65 n.Chr.)

Mitgefühl, Empathie und Herzensgüte 39

Übung: Großzügigkeit als Herausforderung

Denken Sie kreativ darüber nach, wie Sie anderen mehr Zeit widmen, mehr Ihres Könnens und Ihrer Ressourcen geben können. Sind Sie bereit, über Ihr gewohntes Maß hinauszugehen? Machen Sie jetzt eine entsprechende Geste.

1. Notieren Sie in Ihrem Tagebuch eine Woche lang eine großzügige Tat pro Tag. Geben Sie zuvor auf einer Skala zwischen 1 (sehr gering) und 10 (sehr hoch) Ihre Stimmung an. In welcher Stimmung sind Sie jetzt? Bewerten Sie Ihre Stimmung erneut, nachdem Sie eine Woche lang jeden Tag etwas Großzügiges getan haben. Seien Sie ehrlich und realistisch. Halten Sie auch die Reaktionen der anderen auf Ihre Freundlichkeit fest.

2. Erinnern Sie sich an einen Menschen, der Sie mit seiner Großzügigkeit beeindruckt hat; es kann jemand aus Ihrem Freundeskreis sein, eine Berühmtheit oder auch eine fiktive Figur. Dabei fällt mir die *Weihnachtsgeschichte* von Charles Dickens ein: Scrooge wird durch Freigebigkeit zu einem anderen Menschen. Schreiben Sie die Namen großherziger Personen auf und erinnern Sie sich an ihre Taten.

3. Machen Sie eine Liste von Dingen und Tätigkeiten, die Sie ohne Zögern auch Fremden anbieten können. Versuchen Sie dann, jeden Tag oder jede Woche (im Rahmen Ihrer Zeitvorstellung) wenigstens eines davon zu tun. Schreiben Sie auf, welche Gefühle und Gedanken ausgelöst wurden, und ob Sie es weiter versuchen wollen.

Mitgefühl, Empathie und Herzensgüte

Übung: Großzügigkeit entwickeln

1 Suchen Sie sich eine bequeme Sitzposition, in der Sie nicht frieren, stellen Sie zur Erdung die Füße fest auf den Boden und konzentrieren Sie sich für eine Weile auf Ihren Atem. Befreien Sie sich von Gedanken, Bildern, Gefühlen und Geräuschen und genießen Sie die Stille.

2 Stellen Sie sich vor, dass Sie sich in Ihrem Lieblingsraum befinden. Blicken Sie sich um und lassen Sie Ihren Blick über alle Gegenstände schweifen, die sich darin befinden. Erinnern Sie sich daran, dass Ihnen viele davon geschenkt wurden. Erinnern Sie sich möglichst auch an den Schenker und die Umstände.

3 Können Sie im Geist zurückkehren zu dem Augenblick, in dem Sie beschenkt wurden, zu dem Gesichtsausdruck des Schenkers, Ihren Gefühlen beim Empfang? Jede Situation hat ihre eigenen Umstände. Vielleicht haben Sie sich ja auch selbst beschenkt. Was war der Anlass? Wie war das Geschenk beschaffen? Wer war möglicherweise an seiner Fertigung beteiligt? Bemühen Sie Ihre Vorstellung, um sich auszumalen, wer alles bei der Herstellung mitgewirkt hat.

4 Beschäftigen Sie sich mit der Vorstellung, dass Sie Besitz, Lebensunterhalt und Nahrung der Güte anderer verdanken. Denn nur gemeinsam können wir unser aller Überleben und Wohlergehen sichern.

5 Beenden Sie die Meditation, indem Sie sich die großzügigen Schenker vorstellen und ihnen Güte zuteilwerden lassen mit den Worten: »Ihr alle mögt sicher und beschützt sein, erfüllt von Freude, Frieden und Abenteuerlust und beschenkt mit Leichtigkeit und Großzügigkeit.«

Wenn das Herz weiter blutet

Er hatte breit auseinanderstehende, tief liegende, dunkle Augen. Unruhige Augen, unzählige kleine Falten im Gesicht, mit der braun gegerbten Haut eines Bauern.

Viele Sonnen- und Wetterstunden und Tränen hatten ihre Spuren hinterlassen. Seine linke Hand war vernarbt, er war hager, die Schultern hingen müde an den Seiten seines Körpers. Er roch nach Alkohol und Luft. Sein Geruch gehörte zu seinen Augen. Traurige Augen, die viel verloren hatten. Er nahm die Gitarre. Zwei Griffe – C und C7. Damit begleitete er Lieder, die er ohne Kraft, aber mit unendlich viel verlorener Hingabe sang, und man spürte, dass sein Herz gebrochen war.

Ich stand auf und tanzte zu einer seiner französischen Balladen in Moll. Eine weinende Stimme, die aber doch wie guter, schwerer, dunkler Landwein den Raum erfüllte.

Irgendwann saßen wir beide an einem der Holztische auf der Herbergsterrasse. Wir sahen uns lange und schweigend in die Augen, während ich ein paar Töne auf der Gitarre spielte.

Dann begann er zu erzählen. Auf Französisch. Ich verstand, dass er vor zwei Jahren seine Frau, die beiden Söhne und seine Eltern durch einen Verkehrsunfall verloren hatte. Letztes Jahr verunglückten dann auch noch sein einziger Bruder und dessen Familie.

Innerhalb eines Jahres hatte er seine gesamte Familie verloren. Er wollte sich das Leben nehmen, das zeigten die Narben an seinem Handgelenk. Doch dann machte er sich zu Fuß auf den Weg nach Santiago de Compostela und wieder retour nach Frankreich. Sein Herz blutete nach der Wanderung immer noch. Leere, tiefe Leere. Der Herr wird wissen, warum und wofür. So viel Leid, so viele Tränen. Kein Geld.

Am Abend setzte er sich wieder vor die Kirche und bettelte. Er liebte Gott. Er war erneut auf dem Weg nach Santiago und wollte nie mehr nach Frankreich zurück. Er war 44 und sah aus wie 60. Er redete viel, erzählte beinahe zwei Stunden lang. Ich verstand nicht alles, aber meine Augen hörten ihm aufmerksam zu. Ich mochte ihn. Tiefe, aber liebevolle Traurigkeit lag zwischen uns. Er fragte, ob er ein Foto von mir machen durfte. Ich sang »Sound of Silence« und lächelte ihn an.

Am Abend sah ich ihn noch einmal. Ich schenkte ihm meinen Tiroler Speck und ein bisschen Geld für ein paar Schluck Vergessen. Ein letzter Blick, eine erste und letzte Umarmung.

(»Herzensbegegnung am Pilgerweg« von Lisa Kutmon)

Mitgefühl, Empathie und Herzensgüte 45

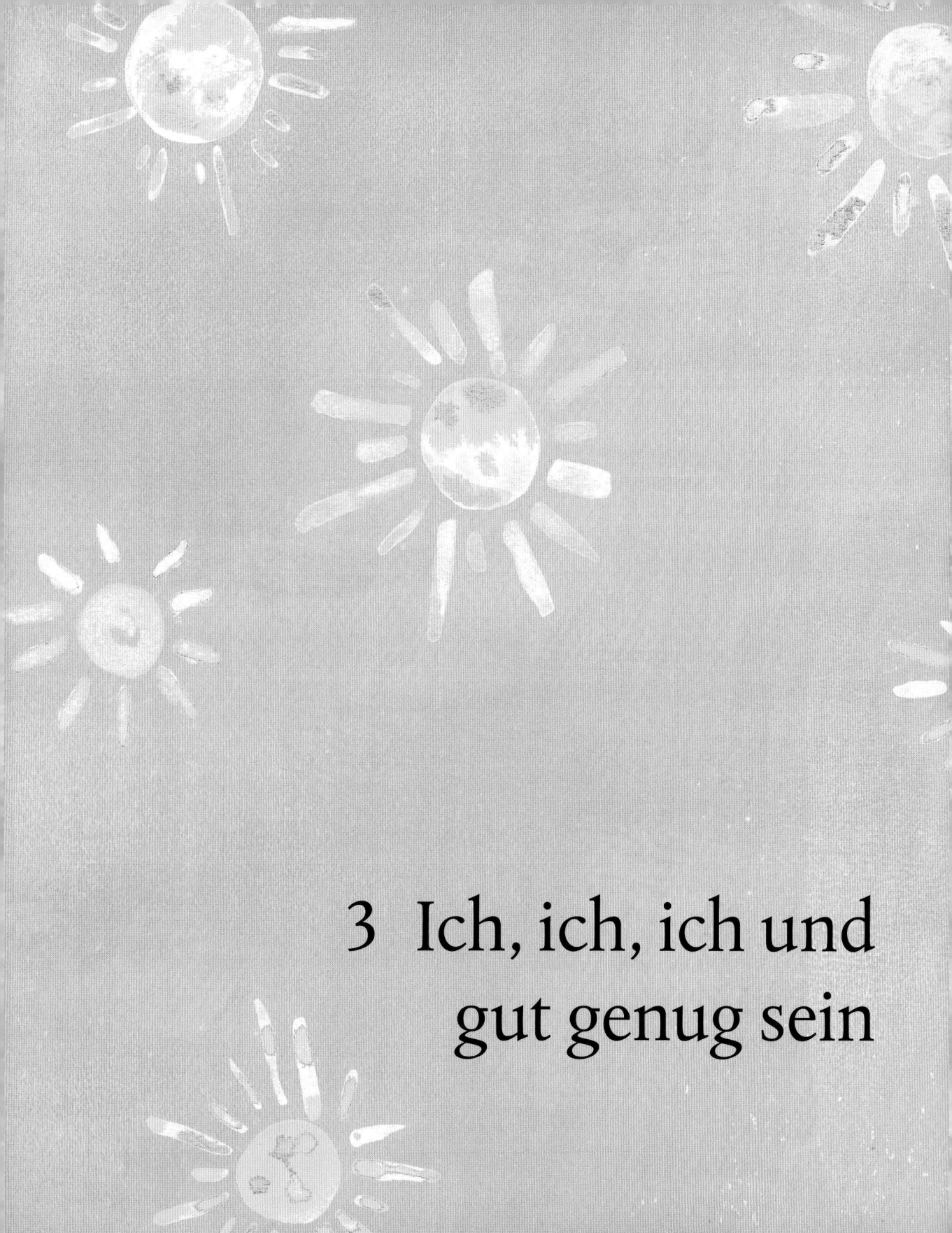

3 Ich, ich, ich und gut genug sein

> *Der Begriff Narzissmusepidemie deckt eine große Bandbreite kultureller Symptome ab, darunter zunehmenden Materialismus, Anspruchsdenken, öffentlich ausgelebte Gewaltbereitschaft und Aggression, Selbstlob und die Gier nach Einzigartigkeit.*
>
> (J. M. Twenge u. W. K. Campbell *The Narcissism Epidemic*)

EINE NEUE EPIDEMIE ERFASST RASCH immer mehr Menschen. Sich selbst zu sehr zu lieben, kann einen dazu verleiten zu glauben, tatsächlich im »Mittelpunkt der Welt« zu stehen.

Als die Psychologen Jean M. Twenge und W. Keith Campbell für ihr Buch *The Narcissm Epidemic* (Die Narzissmus-Epidemie, Simon and Schuster 2009) recherchierten, stellten sie fest: Über 80 Prozent der Studenten stufen ihre Leistungen als überdurchschnittlich ein, über 90 Prozent der Dozenten halten sich für besser als ihre Kollegen, ebenso viele Autofahrer glauben, dass sie begabter sind als die anderen.

Dazu sagt Jean M. Twenge: »Offenbar hat sich in den letzten 20 Jahren die Vorstellung durchgesetzt, dass starkes Selbstbewusstsein – Selbstliebe, Selbstvertrauen – ausreicht, um erfolgreich zu sein. Nun, interessant ist daran, dass diese Vorstellung ebenso weitverbreitet und tiefsitzend wie unzutreffend ist.« In der Psychologie bezeichnet man diese Erscheinung als Narzissmus.

Mit den Füßen auf dem Boden bleiben

Der Narziss der griechischen Mythologie ist ein junger Mann, der sich in sein Spiegelbild verliebt. Eine narzisstische Störung ist nicht leicht auf den ersten Blick als solche erkennbar, denn der Narzisst wirkt energiegeladen, selbstbewusst, sprachgewandt und charmant und scheint im Hinblick auf Logik, Wissen, Klugheit, Intelligenz und Objektivität begabter als die meisten seiner Altersgenossen, doch zugleich auch emotional distanziert. Im Grunde mangelt es ihm an Mitgefühl für andere, und er ist auf dem Weg zu seinem selbst gesteckten Ziel bereit, über Leichen zu gehen. Mittelmäßigkeit ist für ihn eine Krankheit der schlimmsten Art.

Jugendliche und junge Erwachsene zwischen zehn und dreißig Jahren laden immer neue Fotos von sich in den sozialen Netzwerken hoch. Sie zählen täglich oder gar stündlich ihre »Likes« und Nachrichten, ihre »Freunde« und »Follower«. Diejenigen, die ausgeschlossen werden oder weniger Nachrichten und »Likes« erhalten, fühlen sich so wertlos, dass sie depressiv werden und sich selbst verletzten oder sogar Suizid begehen.

Selbst die Jüngsten wachsen mit dem Gefühl auf, dass sie nicht nur etwas Besonderes, sondern mehr als einzigartig sind.

Jeden Tag gewähren uns Stars in den Talk- und Realityshows im Fernsehen Einblicke in ihren Alltag. Wir sind besessen von physischer Schönheit und schrecken auch vor chirurgischen Eingriffen nicht zurück, um perfekt auszusehen. Kein Wunder, dass Exhibitionismus und Egoismus immer weiter zunehmen. Auf der Strecke bleiben die Fähigkeit zu ehrlicher Selbstreflexion und die aufrichtige Empathie für andere.

Früher oder später veranlasst das derart aufgeblasene Ego des Narzissten andere, sich zurückzuziehen. Partner und Freunde suchen emotionale Anbindung, Empathie, Güte und Dankbarkeit. Wenn solche Reaktionen überwiegend ausbleiben, dann orientieren sie sich bald neu, und der ichbesessene Überflieger bleibt allein, sehr allein. Die Folge sind nicht selten Depression und Selbstmord als finaler Racheakt. Wenn ein Narzisst sich in Psychotherapie begibt, dann hofft er noch immer, dass der Therapeut die Welt für ihn ändert. Narzissten gehören zu den schwierigsten Klienten.

Die erfolgreiche Behandlung einer narzisstischen Störung ist außerordentlich langwierig und schwierig. Meditationen, die sich auf die Atmung und Erdung konzentrieren, haben Betroffenen geholfen, Verbindung zu ihren verschütteten Anteilen aufzunehmen. Danach muss man ihnen beibringen, mitfühlend und freundlich zu sein, indem sie etwa ihren Partner nach seinem Befinden oder seinem Tag fragen, oder indem sie ihre Kinder halten und trösten, wenn sie Angst haben oder traurig sind.

Fallstudie 1

Einmal hatte ich eine junge Frau in Behandlung, die eine starke narzisstische Störung aufwies. Ihr war ständig kalt, und sie brauchte in den Sitzungen immer eine Decke und ein heißes Getränk. Sie vergoss zahlreiche Tränen, weil ihr Freund kein Verständnis dafür aufbrachte, dass nur Friseure ihre Haare richtig waschen konnten. Ihn störte nicht, dass sie so viel Geld ausgab, sondern dass sich alle anderen Aktivitäten auch an den Samstagen ihren Friseurterminen unterordnen mussten. Nicht nur ihr Freund machte ihr Kummer, sondern auch ihre Freundin, die es einfach nicht begriff, dass sie am Wochenende nicht wegfahren konnte oder nur in Wellnessoasen, die auch einen Friseur beschäftigten.

Ich gab mir Mühe. Ich investierte mein ganzes Mitgefühl in die Arbeit mit ihr, denn sie litt wirklich. Mehrmals sagte sie kurzfristig Termine ab – ausgefallene Termine lasse ich mir nur dann bezahlen, wenn die Absage weniger als 24 Stunden vor dem Termin und nicht aus gesundheitlichen Gründen erfolgt. Als die hoch bezahlte Anwältin also beim nächsten Mal wegen eines geschäftlichen Termins stornieren wollte, erinnerte ich sie an meine Geschäftsbedingungen und kündigte ihr meine Rechnung an. Die Folge war ein Sturzbach der Beschimpfungen. Weder bezahlte sie mich, noch vereinbarte sie einen weiteren Termin.
Ich war ihre sechste Therapeutin in zwei Jahren. Beweisführung abgeschlossen.

Fallstudie 2

Die Begegnung mit einem männlichen Klienten stellte eine interessante Herausforderung dar. Er sah hinreißend aus und war hochintelligent. Er hatte ein Kind aus einer früheren Beziehung (hatte aber keinen Kontakt mehr zu ihm) und zwei weitere aus seiner gegenwärtigen. Ihm war es ein Rätsel, warum alle Frauen dermaßen fordernd waren. Er fand, er leiste zu Hause seinen Beitrag, aber war es nicht seine Hauptaufgabe, das Geld zu verdienen? Auch die Erwartungen seiner Kunden empfand er als vollkommen unrealistisch, weil sie von ihm als Innenarchitekt erwarteten, dass er ihre Wünsche über Nacht erfüllte. Sie sollten doch froh sein, dass er sich mit derart langweiligen kleinen Aufträgen überhaupt abgab.

Schließlich wollte er das Design meiner Räume auf Vordermann bringen, und ich musste ihm erklären, dass dies während der Therapiestunden nicht infrage kam und ich außerdem die Gestaltung meiner Praxis recht stilsicher fand. Er plusterte sich auf, nannte mich engstirnig und wollte mir weismachen, dass Stil und damit einhergehende Regeln ohnehin Quatsch seien. »Kein Mensch hält sich mehr an Regeln«, behauptete er und bezeichnete mich als kindisch.

Danach unterzog er mich einem weiteren Test, indem er nicht zu einem vereinbarten Termin kam, sich aber dafür entschuldigte. Dieses Mal, aber nur dieses Mal, sagte ich, würde ich auf eine Rechnungstellung verzichten. Dann ließ er einen weiteren Termin sausen. Ich schrieb ihm, er müsse ihn bezahlen, wenn er unsere Zusammenarbeit fortsetzen wolle. Er gab das ungezogene Kind und erklärte, niemand dürfe ihn herumkommandieren und Friseure müssten ja auch auf ihre Bezahlung verzichten, wenn der Kunde ausbleibe. Ich wiederholte meinen Standpunkt. Er versprach widerwillig, den Betrag in einen Umschlag zu stecken, hat es aber, dreimal dürfen Sie raten, nie getan. Das überraschte mich, denn er war selbstständig und hatte sich bitter darüber beklagt, dass seine Klienten ihn so unzuverlässig bezahlten.

Das richtige Maß finden

Auch wenn man nicht zur »Elite der Narzissten« gehört, gibt es andere Wege, um sich seinen Mitmenschen überlegen zu fühlen. Es reicht, sie als minderwertiger zu betrachten. Wir reden hinter ihrem Rücken über sie, streichen ihre Schwächen und unsere Stärken heraus. Viele von uns kaufen gerne Illustrierte und berauschen sich an Berühmtheiten, die in ihren Bikinis zu dick aussehen, einen schlechten Tag haben oder beim Verlassen eines Clubs betrunken oder auch nur erschöpft aussehen. Irgendwie tut es uns gut, andere versagen zu sehen. Leider füttern wir damit nur unser negatives Denken und entfernen uns von unseren Mitmenschen.

In unserer dualistischen Welt fühlen manche sich »besser« oder sind »zufriedener«, wenn sie andere kleinmachen, aber viele haben auch die destruktive Angewohnheit, sich selbst zu beschimpfen und schlechtzumachen. Was geschieht mit Menschen, die keine Überflieger, die nicht schön und intelligent oder reich und wichtig sind? Manche sind verzweifelt und glauben, nicht gut genug zu sein, denn offenbar ist heutzutage Perfektionsstreben vollkommen normal. Für diejenigen also, die nicht zum »inneren Kreis« der Reichen, Erfolgreichen und Schönen gehören, wie sehr sie sich auch danach sehnen, ist das Leben eine einzige Herausforderung, vor allem deshalb, weil sie selbst ihre gnadenlosesten Kritiker sind. Die Autorin und Psychologin Kristin Neff sagt: »Die Sprache der Selbstkritik ist schneidend wie ein Messer.«

Ich möchte Ihnen kurz die Transaktionsanalyse (TA) vorstellen, eine Therapieform, die Betroffenen hilft, ihr Gleichgewicht und ihre persönliche Signatur wiederzufinden. Es handelt sich um eine Methode, die Ihnen hilft, Ihr Licht als ganz eigenen, spontanen und autonomen Beitrag zur Welt zu erkennen.

Ich finde TA nützlich, um mitfühlende Selbstwahrnehmung und -erkenntnis zu entwickeln. Sie konzentriert sich auf drei »Seinszustände« oder Rollen, die jedem Menschen innewohnen. Wir alle wechseln hin und her zwischen Eltern-Ich, Erwachsenen-Ich und Kindheits-Ich. In der Elternrolle erdenken und implementieren wir Regeln, die wir meist in der Kindheit von wichtigen Erwachsenen übernommen haben. Das Erwachsenen-Ich ist unser vernünftiger Entscheider und in der Kindrolle leben wir unsere sensorische und emotionale Seite aus.

Jeder dieser drei Ich-Zustände ist dem erwähnten universellen Dualismus unterworfen. Das Eltern-Ich kann liebevoll oder kritisierend sein, das Kindheits-Ich ist vielleicht spontan, aber zugleich auch egozentrisch und verantwortungslos. Das Erwachsenen-Ich hilft mit Maß und Gelassenheit, das Leben harmonischer zu erleben.

Immer, wenn Sie zu lange in einem dieser »Ego-Zustände« stecken bleiben, kommen Sie in Schwierigkeiten. Hier ein paar Beispiele. Wenn Sie sich dauernd selbst beschimpfen, für nicht gut genug halten und maßlos antreiben, dann stecken Sie in Ihrem kritisierenden Eltern-Ich fest. Wenn Sie alles, was Ihnen gefällt, immer sofort und so lange, wie es Ihnen gefällt, haben müssen und explodieren oder schmollen, wenn Sie Ihren Willen nicht bekommen, dann dominiert Ihr verwöhntes Kindheits-Ich. Und wenn Sie immer zu vernünftig sind und deshalb für langweilig gehalten werden, dann hat Ihr Erwachsenen-Ich zu oft die Hosen an.

Natürlich wäre es am besten, wenn Sie mitfühlend auf Ihr Leben blicken und ein paar der angesprochenen Vorstellungen auf die Muster anwenden könnten, die Ihnen bekanntlich nur schaden. Doch müssen Sie Mitgefühl für alle ihre Ich-Zustände aufbringen. Das freundliche, wohlwollende Eltern-Ich überwacht und schützt, aber löscht die Flamme nicht, das Erwachsenen-Ich ist fürsorglich und unterstützt Ihr Tun und das Kindheits-Ich ist wild, frei und kreativ.

Übung: Sich lösen und erneuern

1 Teilen Sie eine Tagebuchseite in drei Spalten ein und betiteln Sie die Spalten folgendermaßen: »Eltern«, »Kind« und »Erwachsener«.

2 Notieren Sie darin Ihre für diesen Ich-Zustand typischen Verhaltensweisen und Gedankenmuster – die nützlichen und die schädlichen.

3 Wählen Sie zwei Farben, eine für den zu bewahrenden und eine für den aufzugebenden Ich-Zustand.

4 Markieren Sie nützliche Muster mit der Farbe, die »bewahren« symbolisiert, und schmerzliche mit der Farbe für »aufgeben«.

5 Zuletzt stellen Sie sich vor, Sie seien Detektiv und beobachteten Ihr Tun im Alltag. Sobald Ihnen Verhaltensmuster auffallen, die Sie aufgeben wollen, überlegen Sie, wie Sie sie durch nützliches Handeln ersetzen können, und machen es mit einer dritten Farbe sichtbar.

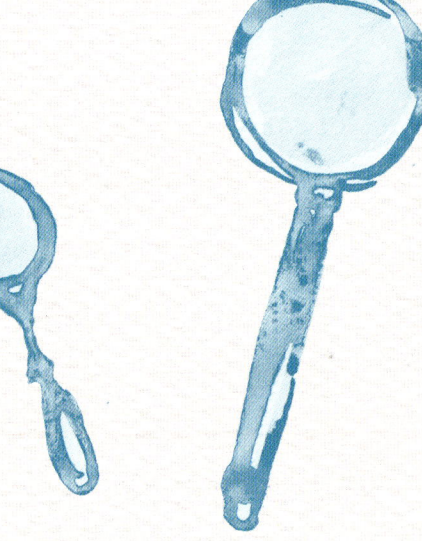

Die Leute brauchen nicht so viel nachzudenken, was sie tun sollten. Sie sollten vielmehr bedenken, was sie sind.

Meister Eckhart, Mystiker (1260-1328)

Übung: Achtsame Körperwahrnehmung der Dankbarkeit

1 Erstellen Sie zwei Listen aller Körperteile und Verhaltensweisen, mit denen Sie a) unzufrieden und b) zufrieden sind. (Integrieren Sie diese Übung in Ihren Alltag und führen Sie die Listen laufend fort.)

2 Wählen Sie Ort und Zeit so, dass Sie ungestört sind. Legen Sie sich unter eine Decke auf Ihr Bett oder auf einen Teppich. Zünden Sie evtl. eine Kerze oder ein Räucherstäbchen an. Nehmen Sie sich mindestens 20-30 Minuten Zeit.

3 Beginnen Sie bei den Füßen und arbeiten Sie sich langsam und achtsam den Körper hinauf vor bis zum Kopf. Konzentrieren Sie sich auf ein Körperteil, spüren Sie es und danken Sie ihm für seinen Dienst. Unterscheiden Sie nicht zwischen geliebten und ungeliebten Körperteilen. Danken Sie jedem für das, was es Ihnen ermöglicht hat. Danken Sie z.B. den Füßen für das Gehen. Nennen Sie auch die guten Taten, die Sie dem Funktionieren einzelner Körperteile zu danken haben. Verharren Sie z.B. bei den Händen, spüren Sie sie und fügen Sie hinzu: »Danke Hände, dass ihr mir Kuchen backen helft, mit dem ich Freunden und Nachbarn Freude bereite.«

Jede achtsame Körperwahrnehmung verläuft anders. Gestatten Sie es der Übung, sich von einem Augenblick zum nächsten zu entfalten. Je besser Sie die Dienstbarkeit Ihrer einzelnen Körperteile wahrnehmen, umso weniger achten Sie allein auf ihr Aussehen.

Margarete Reichtnichtaus

Es war einmal eine freundliche Dame namens Margarete, deren Glück es war, anderen zu helfen. Beim morgendlichen Duschen legte sie sich zurecht, was sie für ihre Freunde und Nachbarn tun, wem sie ihre Hilfe anbieten und welche Fernsehprogramme sie ansehen könnte, um zu entscheiden, wer außerdem ihre praktische und finanzielle Unterstützung benötige.

Sie war natürlich sehr beschäftigt, aber auch sehr glücklich mit ihrem Tun. Schließlich, so überlegte sie, gibt es so viele Egoisten, deren Leben keinen Sinn hat. Sie dachte oft, dass ihr ein solches Leben zuwider wäre.

Beim täglichen Blick in den Spiegel lächelte sie. Sie sagte sich: »Nun, ich werde nie einen Schönheitswettbewerb gewinnen, denn meine Augen sind zu klein, meine Lippen zu schmal, meine Nase zu groß, meine Haare zu farblos, meine Beine zu kurz und meine Füße zu breit. Aber wozu brauche ich einen Preis, wenn ich andere glücklich machen kann?«

Eines Tages stand sie wieder um fünf Uhr morgens auf, um zu duschen. Überrascht stellte sie fest, dass Wasser und Heizung kalt waren. Da sie aber schon bald mit ihren Plänen für den Tag beschäftigt war, beendete sie rasch ihre kalte Dusche. Als sie den Wasserkocher anstellen wollte, merkte sie, dass es keinen Strom gab. Sie dachte: »Dann koche ich eben Brei und Tee auf dem Gasherd.«

Sie verließ das Haus noch vor sechs Uhr und begann, die Liste ihrer selbst gestellten Aufgaben abzuarbeiten. Einem Obdachlosen im Park brachte sie eine Mahlzeit. Sie half Frau Schmidt, einer bettlägerigen 93-jährigen Dame, beim Waschen und Anziehen, bereitete ihr Frühstück und las ihr vor. Dann reinigte sie in der Kirche Bänke und Boden, goss die Blumen usw., und es war nach 18 Uhr und dunkel, als sie nach Hause kam. Die Kälte in ihrer Wohnung fiel ihr nun wieder auf, aber es war schon zu spät, um einen Techniker zu rufen. Also aß sie nur ein belegtes Brot und ging wie immer sehr müde zu Bett.

Drei Tage und Nächte lang hatte sie keine Heizung. Als sie am vierten Tag aufwachte, war ihr sehr heiß. Aber nicht, weil die Heizung wieder funktionierte, sondern weil sie krank geworden war. Sie fühlte sich immer schlechter, doch sie ging weiter ihren Verpflichtungen nach. Weil sie es am fünften Morgen kaum aus dem Bett schaffte, entschloss sie sich, ihre Nachbarin anzurufen. Margaretes Anblick verschlug Frau Ärgerlich den Atem und sie sagte: »Was hast du dir nur angetan? O weh, o weh!«

Danach konnte Margarete sich nicht an alles erinnern, aber als sie in einem Krankenhausbett aufwachte, machte sie sich große Sorgen. Sie dachte: »Wer wird den Mann im Park, Frau Schmidt und die Blumen versorgen?« usw.

Dr. Allesgut machte bei Margarete Visite. Sie war verzweifelt darüber, dass sie eine schlimme Atemwegsinfektion hatte und eine Woche im Bett bleiben müsse. Wer würde ihre Pflichten übernehmen? Dr. Allesgut sagte: »Margarete, normalerweise erteile ich keine Ratschläge, sondern leiste nur medizinische Hilfe. Aber diesmal mache ich eine Ausnahme. Frau Ärgerlich hat mir von ihrer Güte erzählt und dass sie Sie offenbar an den Rand der Selbstzerstörung getrieben hat. Wir haben fünf Freiwillige gefunden, die Ihre Pflichten übernehmen, damit Sie in Ruhe genesen können. Aber Ihre

Hilfsbereitschaft hätte Sie fast Ihr Leben gekostet. Und wem hätten Sie damit gedient? Niemandem und am wenigsten sich selbst.«

Margarete murmelte: »Ich selbst bin mir nicht wichtig. Mein Aussehen verhindert, dass ich wahrgenommen werde. Meine Augen sind zu klein, meine Lippen zu schmal, meine Nase zu groß, meine Haare zu farblos, meine Beine zu kurz und meine Füße zu breit. Also dachte ich, muss ich freundlich sein, damit ich mit mir zufrieden sein kann.«

Dr. Allesgut sah sie streng an und entgegnete ernst: »Wenn Sie jetzt nicht freundlich zu sich sind, werden Sie zu anderen nie wieder freundlich sein können.« Dann nahm er ihre Hand, und sie lächelten einander an. Er sagte: »Sie haben ein schönes Lächeln und ein gutes Herz. Ich glaube Sie sind die wundervollste Dame, die ich seit Langem kennengelernt habe.«

Diese kurze Geschichte kann Ihnen vielleicht die Neugier Ihres inneren Kindes erschließen und Sie für Veränderung und Einsicht zugänglich machen.

Übung: Kritiker, Kritisierter und mitfühlender Beobachter

Angepasst und entwickelt aus der entsprechenden Übung in *Selbstmitgefühl* von Kristin Neff (Kailash 2012).

1. Stellen Sie drei Stühle kreisförmig auf. Legen Sie Kissen oder etwas anderes auf die beiden leeren Stühle, damit sie Ihnen besetzt vorkommen.

2. Denken Sie an einen Aspekt Ihres Verhaltens, Könnens oder Aussehens, den Sie an sich häufig kritisieren.

3. Stellen Sie sich vor, dass Ihr innerer Kritiker auf einem der Stühle sitzt (er könnte Ihnen ähnlich sehen, vielleicht etwas härter und gemeiner oder wie ein mäkeliger Erwachsener aus Ihrer Kindheit). Auf dem zweiten Stuhl visualisieren Sie Ihren mitfühlenden Beobachter (der vielleicht einer Person ähnelt, die Sie bedingungslos liebt, oder einem freundlichen Menschen). Sie selbst sitzen auf dem dritten Stuhl. Sie sind der leidende Kritisierte.

4. Nun erinnern Sie sich an ein Problem, das Sie nur schwer abschütteln konnten. Z.B. dachten Sie nach einer Präsentation, dass sie nicht gut war, weil danach niemand Fragen gestellt oder Ihnen gratuliert hat.

Ich, ich, ich und gut genug sein 63

8 Schreiben Sie in Ihrem Tagebuch auf, wie Sie sich nach der ersten, zweiten und dritten Mitteilung gefühlt haben. Wie geht es Ihnen jetzt, nachdem Sie alle angehört haben?

7 Jetzt sind Sie an der Reihe: Sagen Sie Ihrem inneren Kritiker, wie verletzt Sie sind, und stimmen Sie ein in die Verteidigung Ihres mitfühlenden Beobachters: »Es gefällt mir nicht, dass du dich immer nur mit den negativen oder mangelhaften Möglichkeiten befasst. Ich will nicht mehr verletzt und kritisiert werden. Ich muss dir nicht zuhören. Du hältst dich nicht an die Wahrheit. Ich bin sehr zufrieden damit, dass ich den Vortrag, ohne zu stocken, geschafft habe. Meine Stimme klang kraftvoll. Ich konnte sogar einen Witz erzählen. Vielleicht mussten sie los, um einen letzten Zug zu erwischen. Morgen sehe ich sie bei der Arbeit wieder. Mal sehen, wie das Feedback dann ist.«

6 Dann lauschen Sie dem mitfühlenden Beobachter: »Weißt du nicht mehr, wie die Frau in der ersten Reihe anhaltend über deinen Witz gelacht hat? Erinnere dich an den Schlussapplaus! Du hast dein Bestes gegeben. Ich bin stolz auf dich. Fällt dir kein Grund ein, warum die Zuhörer danach so schnell verschwunden sind? Wenn nicht, dann helfe ich dir auf die Sprünge, einverstanden?

5 Hören Sie sich die Kommentare Ihres inneren Kritikers an: »Ist doch klar, du miserable/r Redner/in, dass du deine Zuhörer gelangweilt hast; sei froh, dass überhaupt ein paar gekommen sind.«

Die Wurzeln der Tränen

Möge deine Seele ihr Ohr jedem Schmerzensschrei leihen. Wie der Lotos, der sein Herz trägt, um die Morgensonne zu trinken. Möge die glühende Sonne keine Schmerzenstränen trocknen, bevor du selbst sie vom Auge des Leidenden wischst. Möge jede brennende menschliche Träne in dein Herz fallen! Und dort soll sie bleiben, nicht fortgewischt werden Bis der verursachende Schmerz aufgelöst ist.

Vedische Meditation

Mitgefühl ist ein Verb.

Thich Nhat Hanh, buddhistischer Mönch

4 Das mitfühlende Gehirn

Dem angesehenen Forscher und Dozent Paul Gilbert zufolge hat die Natur uns scharfsinnig mit einem Gehirn ausgerüstet, das rasch auf Bedrohung reagieren und sogar Gefahren erinnern oder vorhersehen kann. Deshalb hat unsere Spezies überlebt. Ob es uns dabei gut ging, war ihr jedoch egal. Unser leicht auslösbarer Flucht-oder-Kampf-Mechanismus hilft uns nicht gerade, ein ruhiges und glückliches Leben zu führen.

Vor rund 30 Jahren waren Neurobiologen überzeugt, dass das erwachsene Gehirn »fertig« ist und sich durch Altern oder Schlaganfälle nur zum Schlechteren verändern kann. Diese Ansicht ist inzwischen überholt. Durch Neuroplastizität wissen wir heute, dass sich das Gehirn, solange es stimuliert und genutzt wird, auch immer weiterentwickelt. Z.B. konnte Elizabeth Hellmuth Margulis von der Northwestern University in einer wissenschaftlichen Studie mittels Magnetresonanztomografie (MRT) nachweisen, dass bei Geigern, die regelmäßig mehrere Stunden täglich üben, die Gehirnbereiche, die mit der Fingerbeweglichkeit in Zusammenhang stehen, weiter wachsen.

»Es gibt zahlreiche Untersuchungen, die beweisen«, so Margolis, »dass Musikergehirne andere Netzwerke ausbilden als die von Personen ohne formale musikalische Ausbildung.«

In einem anderen Experiment hörten Geiger und Flötisten Geigen- und Flötenmusik, während sie sich in einem MRT-Gerät befanden. Margolis ermittelte, dass die Gehirne der Geiger, die der Geigenmusik lauschten, aussahen wie die Gehirne der Flötisten, die Flötenmusik hörten. Ihr intensiver Input hatte ihre spezielle Vernetzung verursacht.

Kann sich das Gehirn verändern?

Der Neurobiologe Richard Davidson schloss sich 1994 dem Mind and Life Institute an (siehe Seite 75), um gemeinsam mit seinem Team das neuroplastische Gehirn zu erforschen. Er wollte herausfinden, wie sich das Gehirn eines tibetischen Mönchs verändert, wenn es Tausenden Stunden Meditation ausgesetzt ist, und stellte die Hypothese auf, dass es sich plastisch verändert. Würde es sich in der Reaktion auf Meditation nur vorübergehend oder auch strukturell verändern? Viel Zeit verging, bis er sein Projekt endlich konkret in Angriff nehmen konnte.

Im Jahr 2001 besuchte der Dalai Lama Davidson in seinem Labor, bot ihm Unterstützung an und zeigte sich fasziniert von der Idee, »wissenschaftlich« zu untersuchen, was Praktizierende buddhistischer Meditation seit über 2500 Jahren erfahren. Meditation verändert den Menschen: Wie er denkt, sich verhält und vor allem wie er fühlt. Bis zu Davidsons bahnbrechender Forschungsarbeit, die er 2005 veröffentlichte, wussten wir nur aufgrund subjektiver Beobachtungen, dass regelmäßige Achtsamkeits- oder Mitgefühlsmeditation unsere Reaktion auf Bedrohung verändert: Man wird ruhiger, reagiert klüger und kehrt rascher zum inneren Gleichgewicht zurück.

Der Idealist Davidson wollte nicht nur beweisen, dass Geisteszustände wie Freude, Mitgefühl und Begeisterung trainiert werden können, sondern auch, dass sie das Gehirn maßgeblich verändern, wenn man regelmäßig – und sei es bis zum Lebensende – übt. Er wollte der Möglichkeit Bahn brechen, dass die genannten Praktiken mentale Störungen nicht nur heilen, sondern außerdem jedermanns mentale und emotionale Gesundheit verbessern können.

So wie heutzutage Zähneputzen, fünf Obst- und Gemüseportionen täglich und regelmäßiger Sport dem Aufrechterhalten und der Verbesserung physischer Gesundheit dienen, so werden eines Tages vielleicht meditative Praktiken als Alltagsübungen verschrieben, um mental belastbar und gesund zu bleiben. Seit 2005 wollen Davidson und seine Kollegen nun präventive und positive Interventionen für Menschen entwickeln, die noch keine Anzeichen für psychische Erkrankungen zeigen. Sie wollen das Gesundbleiben, nicht nur das Gesundwerden fördern.

Wie Mitgefühlsmeditation das Gehirn beeinflusst

Eines der frühen Experimente, die Richard Davidson an der University of Wisconsin-Madison durchführte, erfolgte mit Personen ohne Meditationserfahrung. Einige bereitete er darauf vor, dass sie sich, wenn man ihnen ein »Bild des Leids« zeige, auf Mitgefühl konzentrieren sollten: »Wünschen Sie sich, dass die Person gesund, glücklich und frei von Leid werden möge.« Die Probanden waren an ein funktionelles MRT-Gerät angeschlossen, als man ihnen das Foto eines Kindes zeigte, aus dessen Auge ein gewaltiger Tumor wuchs. Die Unvorbereiteten reagierten mit Ekel und einer deutlich aktivierten Amygdala (dem Gehirnkontrollzentrum, das auf destruktive Emotionen wie Leid, Panik, Ärger und Besorgnis reagiert und die Stressantwort auslöst). Hingegen zeigte die Amygdala der auf Mitgefühl eingestimmten Probanden eine nur geringe Reaktion. Es ist also möglich, durch mentales Training Anpassungen zu erreichen, und je trainierter man ist, umso tiefer greifende Veränderungen darf man erwarten.

Matthieu Ricard war promovierter Zellgenetiker, als er Frankreich vor 40 Jahren verließ, um im Himalaja und in Nepal Buddhismus zu studieren. Er diente oft als französischer Dolmetscher für den Dalai Lama und interessierte sich als Wissenschaftler für Davidsons Experimente.

Die Experimente begannen mit einer Elektroenzephalografie (EEG), einer Technik zur Gehirnstrommessung mittels kleiner, auf dem Schädel befestigter Elektroden. Tibetische Mönche haben rasierte Köpfe, also konnten die 256 Elektroden leicht an Ricards Kopfhaut befestigt werden. Ricard und sieben weitere Mönchen sowie eine Kontrollgruppe mit acht Personen, die nicht regelmäßig meditierten, aber eine einwöchige Einführung in Mitgefühlsmeditation erhalten hatten, wurden beobachtet, während sie über »grenzenloses Mitgefühl« gegenüber allem Sein meditierten. Sie konzentrierten sich also nicht auf eine bestimmte Person und ihr Leid, sondern auf die gesamte Menschheit – eine sehr viel abstraktere Vorstellung. Die Teilnehmer wurden angewiesen, zwischen Phasen der Meditation und Nicht-Meditation zu wechseln.

Anhand der gesammelten und analysierten Daten stellte Davidson eine starke Erhöhung der Gamma-Wellen während der Mitgefühlsmeditation fest. Die Ergebnisse zeigten die Aktivierung zusätzlicher Geistesleistung und die Synchronisation verschiedener Hirnareale (d.h. sinnliche Wahrnehmungen – Sehen, Hören, Fühlen, Riechen etc. – werden zusammengeführt, damit das Gehirn z.B. einen Apfel oder eine Katze identifizieren kann).

Sobald Ricard zu meditieren begann, verstärkten sich seine Gamma-Wellen. Aber auch in den Phasen der Nicht-Meditation verringerten sie sich nicht. Sein Zuwachs an Gamma-Wellen war größer als jeder jemals zuvor in einer Messung aufgezeichnete. Auch die anderen Mönche wiesen gewaltige Zuwächse auf, die bis zu fünf Minuten anhielten und nicht nur einige Millisekunden wie erwartet. Die Gehirne der Mönche waren anders – ihre Andersartigkeit erzeugte einen dauerhaften mitfühlenden Zustand. Außerdem stellte Davidson fest, dass die Signifikanz der Gehirnveränderung umso größer war, je anhaltender die Mönche meditiert hatten – einige von ihnen, die dreijährige Schweige-Retreats absolviert hatten, kamen auf über 50 000 Stunden. Interessant war außerdem, dass die Probanden der Kontrollgruppe – obwohl sie nur geringes Training in Mitgefühlsmeditation erhalten hatten – zwar geringe, aber doch bedeutsame Zuwächse an Gamma-Wellen aufwiesen.

Ricard bot sich für ein weiteres Experiment mit einem MRT-Gerät an. Die anderen Teilnehmer taten es ihm gleich. Wieder sollten sie mehrmals zwischen mitfühlend-meditativem und neutralem Zustand hin und her wechseln. Ein zusätzliches Element wurde eingeführt: Ab und an hörten die Probanden einen Schrei. Die Reaktion auf den Schrei war während der Mitgefühlsmeditation deutlicher als in den Phasen der Nicht-Meditation. War das der Beweis dafür, dass man in einem mitfühlenden Geisteszustand stärker auf das Leid eines Mitmenschen reagiert?

Die Gehirne der Mönche wiesen in mehreren Bereichen einen höheren Aktivierungsgrad auf. Einer davon war der vordere *Gyrus cinguli*, der zuständig ist für Kognition und verwandte Funktionen sowie für Entscheidungen, Mitgefühl und die Regulierung von Emotionen. Auch in den Arealen für geplante Bewegungsabläufe waren ihre Gehirne aktiver. Wollten die Mönche sich möglicherweise aufmachen, um den unbekannten Leidenden zu helfen? Die Wissenschaftsjournalistin Sharon Begley beschreibt Davidsons Ergebnisse in ihrem Buch *Neue Gedanken – neues Gehirn* (Goldmann 2010): »Offenbar

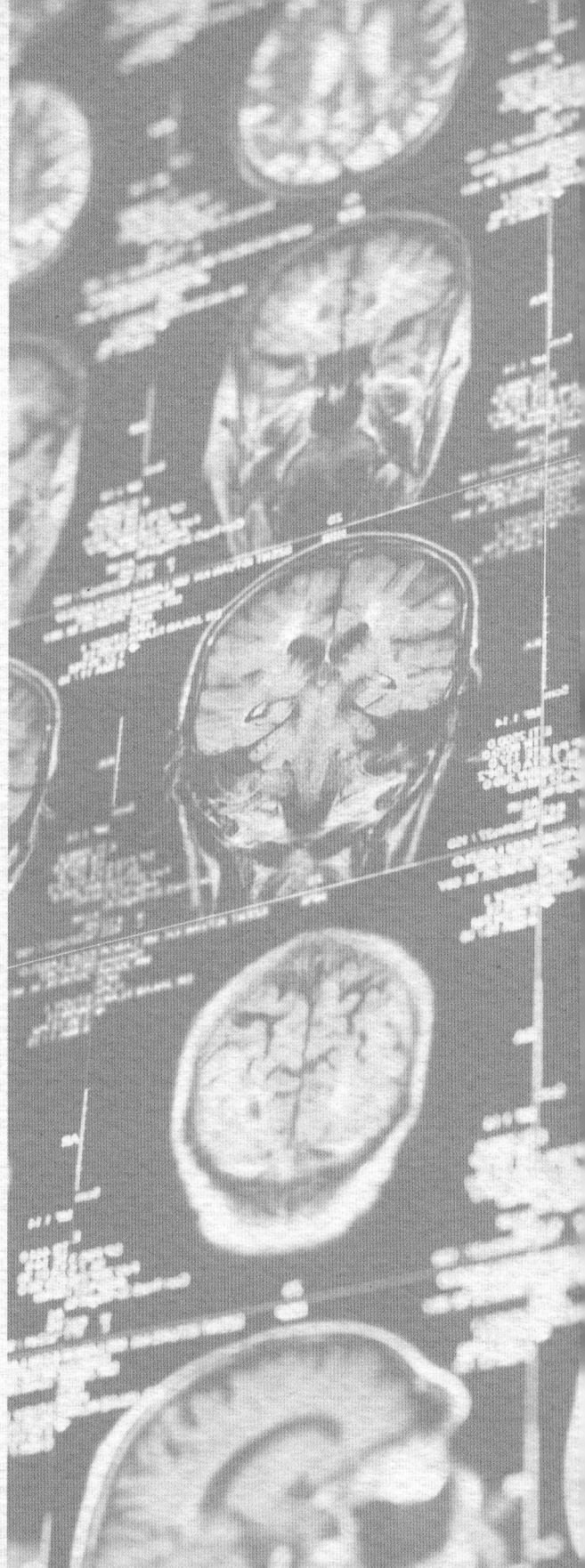

neigen sie im Angesicht von Leid zum Handeln ... ihr Mitgefühl veranlasst sie dazu.« Und Ricard ergänzt: »Es ist ein Zustand vollkommener Güte, einer absoluten, unbegrenzten Bereitschaft.«

Die Mitgefühlsmeditation aktiviert noch ein weiteres Hirnareal bei den Mönchen: den Teil des präfrontalen Cortex, der mit aufleuchtendem Glücksgefühl in Zusammenhang steht. Ricard wird als »glücklichster Mensch der Welt« bezeichnet, weil seine Amygdala außerdem von der Größe einer Mandel auf die einer Rosine geschrumpft ist. Bei einem lauten Geräusch wie einem Schuss oder einer zuschlagenden Tür bleibt er ruhig. Wie der Dalai Lama und die anderen Mönche lächelt er viel ... und das Lächeln wirkt aufrichtig. Weil ich bei mehreren Gelegenheiten Ricard und dem Dalai Lama sehr nahe gekommen bin, kann ich aufrichtig behaupten, ihr Lächeln *gespürt* zu haben.

Das mitfühlende Gehirn

In einem Interview mit dem Neuropsychologen Rick Hanson erzählt Richard Davidson, dass der Dalai Lama, den er durch einen Krankenhausflur begleitete, in dem viele Kranke standen oder in Rollstühlen saßen, vor jedem stehen blieb und ihn anlächelte. Statt fünf Minuten dauerte der Gang über den Flur 45 Minuten. Die Kraft des Mitgefühls war so stark, dass der Flur vor Güte geradezu vibrierte – eine fast körperliche Erfahrung.

Zusammenfassend kann man sagen: Mitgefühlsmeditation erzeugt Zuneigung, Empathie und den Wunsch, anderen zu helfen – ein deutlicher Hinweis darauf, dass Meditation die Funktion des Gehirns bleibend verändert. »Als Neurobiologe«, erklärt Davidson, »bin ich zu der Überzeugung gelangt, dass täglich eine Stunde Mitgefühlsmeditation … das Gehirn auf entscheidende Weise verändert.« Deshalb empfiehlt er, sich täglich, und sei es nur wenige Minuten lang, in Mitgefühl für sich selbst, einen geliebten Menschen oder ein Tier zu üben. Legen Sie die Saat in die Erde und gießen Sie sie regelmäßig. Die Veränderung bei der Kontrollgruppe, die nur eine Woche lang übte, war offensichtlich.

Wir sind nicht unveränderlich. Veränderung ist möglich. Das Gehirn ist anpassungsfähig, und wir können und sollen unser Mitgefühl gegenüber anderen entwickeln.

Das Mind and Life Institute

Das Mind and Life Institute ist eine gemeinnützige Einrichtung, die den menschlichen Geist und die Auswirkungen von meditativen Praktiken studiert. Sie recherchiert sowohl das auf Erfahrungen basierende weltweite Wissen kontemplativer Traditionen als auch relevante zeitgenössische Forschungsergebnisse. Letztlich will sie menschliches Leid verringern und Wohlergehen fördern. Sie verficht folgende Werte:

- Liebe, Achtsamkeit und Mitgefühl
- Vertrauen und Rechtschaffenheit
- Zusammenarbeit
- Makellosigkeit und fortgesetzte Verbesserung
- offene Kommunikation und Transparenz

Das Mind and Life Institute erkennt das Potenzial einer Welt, deren Bewohner die Bedeutung eines geistigen Trainings zur Verringerung von Leid und zur Unterstützung von Frieden, Gesundheit, Wohlergehen und Zusammenarbeit in individueller wie planetarer Hinsicht begreifen. Es hofft, dass jedermann Zugang zu geistigen und emotionalen Gesundheitspraktiken erhält. Um dieses Ziel zu erreichen, beteiligt es sich an der wissenschaftlichen Erforschung der Möglichkeiten, wie Menschen ihren Geist schulen können, um die beschriebenen geistigen Eigenschaften und Werte zu entwickeln. Das Institut hält regelmäßige Versammlungen ab, um Forschungsergebnisse, die auch veröffentlicht werden, zu diskutieren.

Zum Direktorium gehören der Dalai Lama, Professor Richard Davidson, Dr. Daniel Goleman und Dr. Jon Kabat-Zinn.

Übung: Liebvolle-Güte-Meditation (Metta)

Dies ist die Übung, die der Buddha seinen Schülern als Letztes ans Herz gelegt hat. Sie ist ein äußerst mächtiges Mittel der Transformation und könnte für Sie und Ihr emotionales Wohlergehen am wichtigsten sein. Es gibt sie in vielen Varianten. Sie sind frei, den Wortlaut Ihren eigenen Bedürfnissen, Ihrer persönlichen Art des Denkens und des Sprechens anzupassen.

Suchen Sie sich einen Platz, an dem Sie ungestört sind; achten Sie auf Wärme und Bequemlichkeit. Denken Sie an eine Situation, in der Sie Mitgefühl erfahren haben, damit in Ihrem Herzen Liebe und Mitgefühl entstehen können. Nun lassen Sie die Erinnerung los und visualisieren Sie im Zentrum Ihrer Brust, in Ihrem »emotionalen« Herzen, ein Bild von sich selbst, wie Sie jetzt sind oder wie Sie als Kind waren, vielleicht unterstützt von einem geliebten Menschen. Falls Ihnen Visualisierungen schwerfallen, dann stellen Sie sich einfach nur Ihren Namen vor, der mitten in Ihrem Herzen geschrieben steht.

Ausgangspunkt der Metta-Übung ist die Intention, Selbstmitgefühl von innen heraus zu steigern. Es ist so, als lege man ein Samenkorn in die Erde, dessen Wachstum durch regelmäßiges Üben bewirkt wird:

Ganz langsam, Tag um Tag und Woche um Woche, erweitern Sie Ihre Übung. Nachdem Sie in der ersten Woche über sich selbst meditiert haben, nehmen Sie in der zweiten jemanden dazu, den Sie lieben und der Ihnen viel bedeutet:

»Mögest du sicher und beschützt sein.«

»Mögest du in Frieden leben.«

»Möge dein Leben von Leichtigkeit und Güte erfüllt sein.«

»Möge ich sicher und beschützt sein.«

»Möge ich in Frieden leben.«

»Möge mein Leben von Leichtigkeit und Güte erfüllt sein.«

Schließlich berücksichtigen Sie in Ihrer Übung auch Menschen, die Sie kaum kennen, die Sie vielleicht geärgert oder verletzt haben:

»Mögen alle sicher und beschützt sein.«
»Mögen alle in Frieden leben.«
»Möge das Leben aller von Leichtigkeit und Güte erfüllt sein.«

Metta beginnt bereits damit, dass wir liebevolle Güte beabsichtigen, und das Festhalten an dieser Übung kann unser Leben wunderbar vertiefen und mit Freude und Sinn erfüllen. Wenn es gelänge, dass jeder von uns durch diese Übung nur einen »anderen« berührt, gäbe es mehr Sicherheit, Herzensgüte und Frieden in der Welt.

Am einfachsten versuchen Sie es so:

»Ich möchte vor Leid beschützt sein.«
»Ich möchte friedlich und glücklich leben.«
»Ich möchte freundlich und mitfühlend sein.«

Es kann ausreichen, sich selbst zu visualisieren und wiederholt Worte wie »Frieden«, »Güte«, »Geborgenheit« und »Sicherheit« zu denken. Achten Sie darauf, dass Ihre Intention nicht von komplizierten Formulierungen verstellt wird. Sie könnten sich auch Symbole vorstellen, die für Ihre Intention stehen: ein Herz (Güte und Mitgefühl), Händehalten mit einem Freund (Sicherheit) oder ein lächelndes Gesicht (Freude). Für Harmonie visualisieren Sie einen Friedensstifter wie Gandhi (oder jemanden, den nur Sie kennen) oder eine weiße Taube. Seien Sie kreativ und üben Sie beharrlich.

Sues Geschichte

Die zuvor geschilderten Forschungsergebnisse zeigen, dass das für Selbstmitgefühl zuständige Gehirnareal wächst, wenn wir unser Mitgefühl auf andere richten und umgekehrt. In der nachfolgenden Geschichte lädt ein Mönch eine leidende Ratsuchende ein, anderen ihr Mitgefühl zu schenken und dabei Selbstmitgefühl zu lernen. Er wusste aus Erfahrung, dass er ihr so am besten helfen würde.

Seit mehreren Jahren litt Sue unter Muskelschwund. Ihre Abhängigkeit vom elektrischen Rollstuhl wurde immer größer, und ihre entsetzlichen, unausgesetzten Schmerzen nahmen von Tag zu Tag zu. Die Schulmedizin konnte ihr nicht mehr weiterhelfen.

Als eine Freundin ihr von einem tibetischen Mönch erzählte, der sich zu Besuch in der Stadt aufhielt, da hoffte sie, bei ihm Hilfe zu finden. Er war bekannt für seine Ausbildung in tibetischer Medizin und für seine Heilerfolge bei Fällen, in denen die westliche Medizin versagt hatte. Sie arrangierte ein Treffen mit dem Mönch. Bei ihrer Begegnung lächelte er sie freundlich an, und sie erzählte von ihrem jahrelangen Leiden. Nach einer Weile unterbrach er sie freundlich. Sein Rat war einfach: »Konzentrieren Sie sich weniger auf Ihr eigenes Leiden, sondern streben Sie es an, jeden Tag wenigstens einem anderen leidenden Wesen zu helfen.« Dieser Rat ärgerte sie etwas.

Auf dem Weg nach Hause ging sie einkaufen. Sie war lediglich fähig, einen kleinen Korb auf den Knien zu halten und Produkte aus den unteren Regalen zu nehmen. An den Kassen hatten sich lange Schlangen gebildet. Hinter ihr beklagte sich eine Frau darüber, dass nie ausreichend Kassen besetzt seien und dass sie immer in der langsamsten Schlange ende, obwohl sie doch kaum Zeit zum Einkaufen habe. Schon bald richtete sich aller Aufmerksamkeit auf die jammernde Frau. Sue ärgerte sich über sie und dachte: »Wenigstens kannst du dich noch abhetzen.« Sue war erfüllt von Selbstmitleid und Vorurteilen gegen die Frau. Doch eine kluge innere Stimme machte sie zugleich darauf aufmerksam, dass sie ebenfalls ziemlich oft klagte. Sie fragte sich, wie das wohl auf die ihr nahestehenden Menschen wirkte. Da fiel ihr der Rat des Mönchs wieder ein. Zu ihrer eigenen Überraschung sagte sie zu der Frau hinter ihr: »Gehen Sie doch vor. Ich habe es nicht eilig.«

Erst da bemerkte die Frau Sue. Sie errötete, als Sue sich ihr zuwandte, und rechtfertigte sich damit, dass sie eine wichtige Konferenz habe und dass ein Familienmitglied krank sei. Sue empfand Mitgefühl, lächelte sie an und versicherte ihr, sie könne warten. Ihr fiel auf, dass sich in ihrem Herzen ein warmes, wohltuendes Gefühl ausbreitete. Als die Frau bezahlt und sich bei ihr bedankt hatte, klatschten die anderen Kunden anerkennend. Sue war überwältigt von der Güte und den lächelnden Gesichtern.

Das war nur der Anfang von Sues Reise zu Mitgefühl und Selbstmitgefühl. Je mehr sie anderen gab, umso gesunder fühlte sie sich. Der bisher empfundene Schmerz ließ langsam nach, und ihre Beweglichkeit nahm wieder zu. Ihre Genesung setzt sich fort und das Mitgefühl in ihrem Herzen für alle wächst.

Pippas Geschichte

Pippa war ein außergewöhnliches Mädchen. Sobald sie die ersten Laute äußerte, fing sie an zu singen und sich Melodien auszudenken. Sie sagte, dass sie in ihrem Kopf Farben sähe, die als Melodien zutage träten. Bald erkannte sie ihre Beschränkung – schließlich konnte sie immer nur einstimmig summen. Also bat sie sehr früh um Geigenunterricht, weil ihr aufgefallen war, dass man auf der Geige mehrere Saiten gleichzeitig zum Klingen bringen kann.

1970 hörte sie Jacqueline du Pré das berühmte Cellokonzert von Elgar spielen, und das Cello wurde ihr Schicksal. Als Pippa mit fünf Jahren ihr erstes Cello erhielt, verwandelte sie sich in eine »Energie«, die in und durch das Instrument lebte. Sie hatte zahlreiche ausgezeichnete Lehrer, die sich fragten, ob sie ihr Vorbild überflügeln würde. Doch 1973 wurde bei Jacqueline du Pré Multiple Sklerose diagnostiziert, und ihre Begabung kam ihr nach und nach abhanden.

Pippa war über Jacquelines Schicksal sehr traurig, aber ohnehin hatte sie andere Vorstellungen davon, wie das Cello zu spielen sei. Sie suchte einen neuen Ansatz. Sie benutzte das Cello als Trommel, spielte auf ihm mit ihren Zehen, sang in es hinein usw. Allen gefiel, was sie probierte, und berühmte Komponisten schufen Stücke für sie. Pippa fing an, die Welt zu bereisen und selbst zu komponieren. Sie liebte ihre Arbeit, doch fürchtete sie sich immer davor, so wie Jacqueline du Pré ihre Begabung zu verlieren.

Die anstrengenden Reisen und ihre eigene Sensibilität in Kombination mit wiederholtem Jetlag machten sie zunehmend ruhelos. Sie wurde immer unglücklicher, doch ihre Depression wurde erst nach ihrem ersten Selbstmordversuch diagnostiziert. Sie kam ins Krankenhaus, und obwohl sie sich auf einer geschlossenen Station befand, konnte sie aus einem Fenster springen und wäre beinahe gestorben. Vier Jahre lang war sie eingesperrt und konnte ihr geliebtes Instrument nicht spielen.

Ein neuer Psychiater empfahl ihr Meditation als Weg zurück zu sich selbst. Sie begab sich in das Kagyu-Samyé-Ling-Kloster und tibetische Zentrum bei Dumfries und Galloway in Schottland. Dort praktizierte sie insbesondere die Mitgefühlsmeditation. Mit zunehmender Übung hob sich der Schleier der Angst, und das Gefühl der Verlorenheit nahm ab.

Als ich sie auf einem Mitgefühls-Retreat kennenlernte, meditierte sie seit vier Jahren und hatte wieder angefangen, Cello zu spielen. Sie veranstaltete für alle Teilnehmer ein kostenloses Konzert und produzierte eine CD für das Meditationszentrum. Sie sagt, Mitgefühl habe ihr das Leben gerettet.

5 Gesunde Bindung und Selbstannahme

SIND MENSCHEN VON NATUR AUS EGOISTISCH, eingebildet, gemein und abwehrend, oder beeinflussen frühe Erfahrungen mit dem Geliebtwerden und Angenommensein, wie wir uns später im Leben unseren Mitmenschen gegenüber verhalten?

Wieso bringen Menschen, die sich ihrer Emotionen sicher sind, eher Mitgefühl gegenüber anderen auf? Feinfühlige, einfühlsame und zugängliche Eltern verhelfen Kindern zu Selbstbewusstsein und verringern ihre Anfälligkeit für Egoismus und Ängstlichkeit. Fühlt sich ein Kind behütet, kann es Verbundenheit, Zuneigung und Vertrauen gegenüber anderen ausdrücken. Menschen mit gesundem Zugehörigkeitsgefühl leiden seltener unter Depressionen als solche, die bei ängstlichen oder gleichgültigen Eltern aufgewachsen sind.

Kinder brauchen Geborgenheit. Wenn uns unser Werdegang also mit positiven Lern- und Lebenserfahrungen versorgt, dann entwickeln wir Wohlbefinden, Widerstandskraft und Selbstannahme – entscheidende Faktoren für unser emotionales und mentales Wachstum. Die Autorin Kristin Neff, Expertin auf dem Gebiet des Selbstmitgefühls, bezeichnet unser Bindungsbedürfnis als »Fürsorge und Freundschafts«-Instinkt.

Eltern oder andere Erwachsene, die uns aufziehen, sind für unser Überleben unverzichtbar. Bei den meisten Säugetieren brauchen die Jungtiere die Fürsorge und den Schutz der Eltern, um es ins Erwachsenenalter zu schaffen. Doch ein Affenkind, sollte seine Mutter sterben oder es ablehnen, kann und wird sich an ein anderes weibliches Tier klammern, bis es wie ein eigenes Kind angenommen wird. Ein Menschenkind hat diese Möglichkeit nicht; es ist ganz und gar abhängig und in der Gewalt eines anderen Menschen.

Es ist unser »Geburtsrecht«, Zuwendung von anderen zu bekommen und uns zu verbinden. Erhalten wir keine ausreichende Unterstützung und geht sie nicht über einfache Wahrnehmung hinaus, dann fühlen wir uns verurteilt und vielleicht wertlos, wenn wir etwas falsch machen. Da unsere »Festplatte« im Gehirn bei unserer Geburt praktisch leer ist, speichern wir alles Gelernte, und die frühen Erinnerungen prägen sich am eindrücklichsten ein.

Wer überkritische Betreuer hat oder Eltern, die sich kaum um sich selbst kümmern können (weil sie psychische Probleme haben oder drogensüchtig sind), übernimmt von ihnen ungeeignete Verhaltensmuster. Es kann also sein, dass wir uns als Erwachsene selbst übertrieben kritisieren. Haben wir unsere Eltern als unfähig erlebt und mussten uns vielleicht sogar um sie kümmern, obwohl sie doch uns hätten versorgen sollen, können wir kein Vertrauen zu anderen Menschen aufbauen und meinen, alles selbst tun zu müssen. Vernachlässigung, Zurückweisung, Verlassenwerden und andere Traumata hinterlassen mentale Male und Narben.

Doch zum Glück ist unser Gehirn »plastisch« und damit formbar und veränderlich. Wenn wir lernen, uns selbst die Fürsorge und Güte zukommen zu lassen, die wir fortwährend brauchen, dann können wir neue Denk- und Verhaltensmuster entwickeln.

Es folgen einige Übungen, die Ihnen helfen, frühe Verletzungen abzumildern und sich selbst anzunehmen.

Übung: Sich selbst in die Arme nehmen

Haben Sie je beobachtet, wie sich Kinder, die unglücklich sind oder schikaniert wurden, auf den Boden setzen und ihre Knie umschlingen? Vielleicht schaukeln sie sogar vor und zurück, um sich zu beruhigen, so wie ihre Eltern sie geschaukelt haben, als sie noch ganz klein waren.

Wenn Sie sich also verunsichert oder einsam fühlen, dann umarmen Sie Ihren Oberkörper und drücken sich ein bisschen oder streicheln mit den Händen ein wenig Ihre Oberarme, so als wäre Ihnen kalt.

Untersuchungen haben gezeigt, dass diese Art der Selbstfürsorge Oxytocin freisetzt, das Hormon, das Angst verringert und ein Gefühl von Schutz, Bindung und Frieden schafft.

Gesunde Bindung und Selbstannahme 87

Edward der Verführer

Edward war hochintelligent, attraktiv und charmant. Mit 25 Jahren promovierte er in Philosophie, und seine Uni übernahm ihn. Doch Edward blieb nur kurze Zeit, denn er hatte zwei massive Probleme. Erstens verführte er so gut wie alle halbwegs intelligenten und gut aussehenden Frauen auch seine Kolleginnen, die Freundinnen und Frauen seiner Kollegen und gelegentlich eine Studentin. Nach nur drei Jahren verlor er seinen Job, weil eine Studentin seine Nachstellungen gemeldet hatte. Natürlich stritt er alles ab, aber schließlich waren alle froh, als er ging. Er war ein faszinierender Mensch und ein inspirierender Dozent, aber er akzeptierte keine Grenzen.

Diese Ereignisse führten zu einem massiven Wiederaufleben seines zweiten Problems: Edward wurde depressiv und versuchte, sich das Leben zu nehmen. Er wurde gerettet. Sobald er sich umsorgt sah – und die Schwestern und Ärztinnen des Krankenhauses wollten nichts lieber, als ihn zu umsorgen –, griff er die Rolle des Verführers wieder auf. Während seines Monats im Krankenhaus brach er mindestens drei Herzen.

Im Krankenhaus erhielt er psychotherapeutische Behandlung. Der Therapeut war äußerst mitfühlend und geduldig. Er erfuhr, dass Edward schon als Teenager unter Depressionen litt und eine gewisse Wanderlust im Hinblick auf Frauen entwickelt hatte. Es fiel ihm leicht, Kontakt aufzunehmen und Nähe aufzubauen. In dieser Hinsicht war er äußerst begabt. Doch immer, wenn eine Frau ihm ihre Liebe gestand, ergriff ihn der unwiderstehliche Drang fortzulaufen. Das Wort »Liebe« ließ ihn erschaudern.

Der Therapeut fragte sich, ob Edward vielleicht in seiner frühen Kindheit traumatische Erfahrungen mit dem Wort »Liebe« gemacht hatte. Edward berichtete, dass er seinen Vater nicht kenne und dass er bei seiner Mutter und seinen Großeltern aufgewachsen sei. Als glühende Katholiken hätten seine Großeltern nie eine Beziehung zu ihm aufgebaut. Sie hätten es der Tochter und ihrem »Bastard« nur erlaubt, bei ihnen zu wohnen, bis sie für sich und ihn habe sorgen können. Seine Mutter war bei seiner Geburt 16 Jahre alt.

Die Großeltern bestraften ihre Tochter, indem sie sie und Edward vollkommen ignorierten, niemals aushalfen oder auch nur auf das Kind aufpassten. Die junge Frau musste die Schule abbrechen und Edward alleine aufziehen. Der Therapeut hielt dies für bedeutsam und fragte, ob Edward sich als kleiner Junge geliebt und geborgen gefühlt habe. Darauf wusste Edward nichts zu sagen. Er hatte seine Mutter seit Jahren nicht gesehen – für ihn war sie nur eine weitere Frau, die nichts Besseres verdiente, als verlassen zu werden. Der Therapeut riet Edward, ihr zu schreiben und sie zur Teilnahme an einer Sitzung einzuladen. Schließlich konnte er ihn davon überzeugen, dass seine Mutter, die ihn als kleines Kind kannte, wichtige Informationen beisteuern würde.

Tatsächlich wollte Edwards Mutter gerne helfen. In der Sitzung erzählte sie, dass sie ihren Sohn vermisse und Schuldgefühle habe, weil sie keine gute Tochter und Mutter gewesen sei. Der Therapeut wollte wissen, ob sie ihrem Sohn gesagt habe, dass sie ihn liebe. Nach einigem Zögern sagte sie weinend: »Ja, ich habe ihm oft gesagt, dass ich ihn liebe, aber ich habe es nicht empfunden. Ich machte mir Sorgen wegen meiner Zukunft, war wütend, weil meine Eltern mich bestraften, und frustriert, weil ich die Schule abbrechen musste und weil

Edwards Papa mich nicht unterstützte. Ich sagte oft liebevolle Worte, doch im Innersten hasste ich ihn für all die Schwierigkeiten, die seine Geburt für mich verursachte.« Inzwischen weinten beide. Nun war klar, warum das Wort »Liebe« Edward in die Flucht trieb. Er hatte, wenn seine Mutter von »Liebe« sprach, ihren Hass und ihre Ablehnung gespürt. Das Wort löste in ihm den Drang zur Flucht aus, da es für ihn etwas vollkommen anderes bedeutete als für die Frauen, die ihm ihre Liebe erklärt hatten.

Mit ihrer Erlaubnis schlug der Therapeut eine Intervention vor, die es ihnen gestatten würde, ihre frühen Verletzungen und Schuldgefühle abzubauen. Sie saßen also im Kreis und hielten sich an den Händen, als der Therapeut Mutter und Sohn bat, die Augen zu schließen und in ihrer Vorstellung an einen sicheren Ort zurückzukehren und in eine Zeit, als Edward etwa drei Jahre alt war. Sie nickten und einigten sich auf den kleinen Garten hinter dem Haus der Großeltern. Sie sollten sich vorstellen, dort auf einer Decke zu sitzen, wobei die Mutter den Sohn im Arm halte und seinen Kopf streichle. Nach einer Weile bat der Therapeut die Mutter zu visualisieren, dass ihr erwachsenes Ich (für Edward unsichtbar) hinter ihr stehe und sie bei der Wahl der richtigen Worte während des Streichelns unterstütze. Das erwachsene Ich ermutigte das junge Ich, in seinem Herzen die Liebe zu spüren, die das erwachsene Ich jetzt für Edward empfand. Sie sagte ihm, wie leid es ihr tue und wie sehr sie ihn liebe und dass er das beste Geschenk sei, das sie jemals empfangen habe. Inzwischen berührte Edwards Mutter ihn vorsichtig und streichelte ihn, während er sich an sie lehnte. Der Therapeut gestattete es dieser mitfühlenden Heilung, sich zu entfalten und so lange zu dauern, wie es notwendig war.

Dann richtete Edward sich auf, sagte, »Danke, Mama. Das hat gutgetan«, und sie stimmte zu. Der Therapeut erklärte ihnen, dass sie nun einen Weg eingeschlagen hätten, auf dem sich neue Denk- und Gefühlsstrukturen entwickeln und ihre Liebe und gegenseitige Akzeptanz wachsen könnten.

Mutter und Sohn wagten einen Neuanfang. Langsam lernte Edward, indem er es seiner Mutter gestattete, ihre Liebe zu ihm auszudrücken, dem Wort »Liebe« in seiner neuen Beziehung eine andere Bedeutung zu geben. Mit der Unterstützung seines Therapeuten konnte er sich schließlich von seiner nun nicht mehr nötigen Neigung zur Flucht befreien.

Übung: Mitfühlendes Atmen

1. Setzen Sie sich aufrecht hin, die Füße stehen fest auf dem Boden. Sorgen Sie für ausreichende Wärme. Legen Sie Ihre Hände übereinander auf Ihr Herz.

2. Visualisieren Sie sich als unschuldiges Kind oder, wenn Ihnen das leichter fällt, als irgendein unschuldiges Kind.

3. Richten Sie Ihr Bewusstsein auf Ihren Atem. Achten Sie beim Einatmen darauf, wie die Atemluft in Ihren Brustraum und dann weiter in Ihren Bauchraum gelangt. Dann folgt eine kleine natürliche Pause, bevor die Luft wieder aufsteigt und durch Ihre Nase entweicht. Am besten ist es, durch die Nase zu atmen. Sollten Sie jedoch, warum auch immer, eine verstopfte Nase haben, dann atmen Sie sanft durch den nur leicht geöffneten Mund ein und stellen sich beim Ausatmen vor, dass Sie, ohne zu kleckern, auf einen mit Suppe gefüllten Löffel pusten – so kommen Sie der Nasenatmung am nächsten. Konzentrieren Sie sich auf Ihre Atmung, bis Sie zur Ruhe kommen.

4. Nun konzentrieren Sie sich auf das »kleine Kind in Ihrem Herzen«. Was möchten Sie ihm mitteilen? Lassen Sie mitfühlende, warme Worte und Sätze in sich aufsteigen, als wollten Sie ein aufgebrachtes Kind beruhigen. Wählen Sie eine Sprache, die Ihr Herz Ihnen eingibt.

5. Nach einer Weile kehren Sie zu Ihrer Atmung zurück und legen Ihre Hände langsam wieder in den Schoß.

Übung: Visualisierung – sich bei Ihrem Beschützer in Sicherheit fühlen

Erinnern Sie sich daran, was wir über das menschliche Bindungsbedürfnis gesagt haben? Es begleitet uns ein Leben lang, durchdringt jede Beziehung und beeinflusst unser Problemlösungsverhalten. Wer Bindungen eingehen kann, hat es leichter, wenn das Leben erhöhte Anforderungen stellt. Falls Sie sich also jemanden, und sei er auch bereits verstorben, vorstellen können, der Ihnen beisteht, dann könnte dieser symbolische Beschützer Sie in schwierigen Situationen trösten. Diese Übung ist besonders hilfreich, wenn man sich Sorgen macht oder mit Ängsten kämpft.

1 Legen oder setzen Sie sich hin. Sorgen Sie dafür, dass Ihnen ausreichend warm ist.

2 Stellen Sie sich vor, dass Sie sich an Ihrem sicheren Lieblingsort – auf einer Wiese, in einem Zimmer oder Garten – befinden.

3 Nun sehen Sie, wie Ihr Beschützer mit offenen Armen auf Sie zukommt. Nehmen Sie einander in die Arme oder halten Sie sich an den Händen. Hören Sie ihn Worte benutzen wie »Sicherheit«, »Schutz« und »Frieden«, oder lassen Sie ihn beruhigende Worte sagen oder ein Schlaflied singen.

4 Legen Sie Ihre Hand auf Ihr Herzzentrum und erhalten Sie das Bild so lange aufrecht, wie Sie möchten.

Tierreich und Mitgefühl

Da Sie nun gesehen haben, wie Menschen auch später im Leben durch Selbstmitgefühl und liebende Güte Sicherheitsempfinden und Selbstannahme entwickeln können, möchten Sie vielleicht etwas über andere Säugetiere und ihr Bindungsbedürfnis erfahren. Es gibt viele wunderbare Geschichten darüber, wie Tiere Menschen oder Nicht-Artgenossen geholfen haben.

Wussten Sie, dass wir 99 Prozent unseres Erbguts mit Schimpansen und 60 Prozent mit Katzen teilen? Also kann es tatsächlich gut sein, dass alles Leben aus einer gemeinsamen Quelle stammt. Nur wir intelligenten Menschen vergessen, dass dieser Planet allen Lebensformen gleichermaßen gehört. Deshalb wollen wir mit der Metta-Übung (siehe Seite 76f.) Sicherheit, Schutz, Frieden und Ungezwungenheit für alle Lebewesen erreichen.

Es wurde berichtet, dass ein Löwe wiederholt Antilopen adoptierte und gegen andere Löwen verteidigte. Man weiß von Hunden, die sich um Katzen, von Enten, die sich um Eichhörnchen, und von Katzen, die sich um Ratten gekümmert haben. Eine Schimpansin gab sogar die Ersatzmutter für zwei weiße Babytiger. Sie spielte mit ihnen, lauste sie und gab ihnen die Flasche. Können Sie sich vorstellen, dass eine ausgewachsene Tigerin die Adoptivmutter von sechs Ferkeln wurde und eine 130 Jahre alte Schildkröte ein Flusspferdbaby aufzog?

Man weiß von vielen Tieren, die liebevoll und ohne Gegenleistung kranke oder verletzte Artgenossen versorgen. Es wird von Wölfen und Menschenaffen berichtet, die im Dschungel verirrte Kinder aufziehen – *Dschungelbuch* und *Tarzan* faszinieren ein weltweites Publikum. Nachfolgend drei Geschichten, in denen Menschen ihr Leben dem altruistischen und mitfühlenden Verhalten von Tieren verdanken.

Gesunde Bindung und Selbstannahme

In der Nähe des australischen Great Barrier Reef schwamm eine Familie in gut einer halben Stunde von einem Strand zum anderen. Der Vater absolvierte die Strecke mit seinen drei Teenagern fast täglich, da sie alle Rettungsschwimmer werden wollten. Als bei einem dieser Ausflüge der Sohn und eine der Töchter das Ziel erreichten und sich umdrehten, sahen sie, dass ihr Vater und ihre Schwester von einem Weißen Hai umkreist wurden. Die beiden hielten sich aneinander fest, um dem Hai einen größeren Gegner vorzutäuschen, doch er ließ nicht von ihnen ab. Nach einigen Minuten blanken Entsetzens tauchte ein Delfinschwarm auf, der nun seinerseits die Gruppe umkreiste. Immer mehr Delfine stupsten den Hai sogar mit ihrer Schnauze an – man weiß, dass Delfine Haie angreifen und sogar töten. Schließlich gab der Hai auf und schwamm davon; die Delfine geleiteten Vater und Tochter sicher an den Strand.

In der zweiten Geschichte hatte Soldat M im Golfkrieg gekämpft und den Gebrauch seiner Beine und sein Gedächtnis eingebüßt. Als er aus seinem Albtraum erwachte, saß er im Rollstuhl, erkannte weder Frau noch Kinder und hatte keinen Zugang zu seinen Gefühlen. Eines Tages machte er einen Besuch in einem Hundeausbildungslager. Dort gab es einen Labrador, der kaum auf das Training ansprach. Als M einen Handschuh verlor, lief der Hund herbei, hob ihn auf und legte ihn auf seinen Schoß. M nahm es ohne Reaktion hin. Der Labrador machte einen zweiten Versuch, ging zur Getränkestation, packte eine Getränkebüchse und legte sie M in den Schoß. In diesem Moment schien sich eine Verbindung in Ms Gehirn neu herzustellen. Er hatte ein warmes Gefühl im Herzen und streichelte den Hund. Das emotionale Zentrum seines Gehirns schien plötzlich wieder angeschlossen zu sein, und er lächelte zum ersten Mal seit seiner Verletzung.

Menschen und Haustiere produzieren gleichermaßen Oxytocin, das erklärt die Erwiderung von Zuneigung. Ein Haustier zu streicheln, kann die Stimmung ähnlich aufhellen wie der Umgang mit einem Säugling. Miho Nagasawa und Takefumi Kikusui, zwei Biologen an der japanischen Azuba-Universität, interessierten sich dafür, ob eine »Freundschaft« zwischen zwei Angehörigen unterschiedlicher Arten eine Oxytocin-Ausschüttung zur Folge haben kann, und erhielten in ihren Versuchen die Bestätigung, dass sie bei beiden Tieren in ähnlicher Höhe erfolgt, glücklich und vertrauensvoll stimmt, Stress und Depression reduziert und – entscheidend für den Menschen – Bindung ermöglicht.

Dass M den Labrador behielt, veränderte sein Leben, denn der Hund liebte seinen Herrn und konnte seine Bedürfnisse spüren. Er half ihm bei allem, was M alleine nicht mehr bewältigte, warf Post für ihn ein und holte ihm sogar Geld aus dem Automaten. Er brachte M wieder mit seiner Familie zusammen, denn M hatte sich zurückgezogen, war depressiv und fühlte sich wertlos. Doch er und seine Familie liebten den Hund, und schließlich konnten sie alle einander gegenseitig lieben. M erneuerte sein Eheversprechen und war so glücklich, wie es unter diesen Umständen möglich war. Eines Tages wurden M und seine Frau bei einem Spaziergang mit dem Hund von einem Auto angefahren und schwer verletzt. Als M wieder zu sich kam, merkte er, dass der Hund ihn, damit er atmen konnte, auf die Seite gedreht und ihm sein Handy gebracht hatte, um dann in der nächsten Kneipe Hilfe zu holen. An diesem Tag rettete der Labrador zwei Menschenleben. Und als er Jahre später in Ms Armen starb, machte er ihm ein letztes Geschenk: M konnte zum ersten Mal wieder weinen.

Eine unglaubliche Geschichte! Doch Hunde können noch mehr. Der Hundebesitzerin Anne fiel auf, dass ihr zehnjähriger Hund Scruffy über Wochen immer unruhiger wurde. Sie befürchtete, er könne krank sein und müsse bald sterben. Immer wenn sie sich zu ihm beugte, um ihn zu streicheln, beschnüffelte er die linke Seite ihres Brustkorbs und schien sich aufzuregen. Dann ertastete sie einen Knoten in ihrer linken Brust, aber der Arzt behauptete, es gäbe keinen Grund zur Sorge.

Doch Scruffy setzte sein merkwürdiges Verhalten fort und irgendwann begriff Anne, dass die Diagnose falsch sein musste. Doch auch eine Mammografie blieb ergebnislos. Erst eine Gewebeprobe bestätigte, dass es sich um Krebs handelte. Sobald die Behandlung abgeschlossen war, normalisierte sich Scruffys Verhalten. Die Forschungsergebnisse von Carolyn M. Willis und ihren Kollegen, 2004 im *British Medical Journal* veröffentlicht, bestätigen, dass Hunde Krebs im Urin von Menschen riechen und deshalb vielleicht schon bald für nicht invasive Diagnostik eingesetzt werden können.

Unser Mitgefühl sollte alle Geschöpfe einschließen. Vielleicht ist Mitgefühl unsere herausragende Tugend. Die Gelegenheiten sind zahlreich, sie gegenüber allem Lebenden auszudrücken.

Übung: Beziehung zur Tierwelt aufnehmen

Hier einige Inspirationen für jene, die eine tiefe Verbundenheit mit der Tierwelt empfinden. Notieren Sie in Ihrem Tagebuch, wie Sie Ihr Mitgefühl ausdrücken könnten.

- Tiere heißen Ihre Unterstützung immer willkommen. Vielleicht wollen Sie in einer Tierrettungsstation aushelfen oder, wenn Ihnen die Zeit fehlt, spenden?
- Übernehmen Sie eine Tierpatenschaft.
- Fahren Sie achtsam, um Unfälle mit Tieren zu vermeiden.
- Ertragen Sie Insekten, auch wenn Sie sie nicht mögen. Wussten Sie, dass Spinnen Mücken fressen? Also lassen Sie sie leben.
- Lassen Sie Ihren Abfall nicht in der Natur zurück, denn sonst zerstören Sie den Lebensraum unserer Mitgeschöpfe.

Haben Sie noch mehr einfühlsame und mitfühlende Ideen?

6 Vergeben lernen

SELBSTMITGEFÜHL UND MITGEFÜHL für andere stehen in enger Beziehung zueinander. Mitgefühl ist die Fähigkeit, mit anderen mitzuleiden, und bei Selbstmitgefühl richten wir den gleichen Respekt und die gleiche Güte auf uns, wenn wir leiden und geprüft werden.

Wenn wir und andere unfreundlich, egoistisch oder ohne Gedanken an das große Ganze handeln und vergessen, dass wir alle, Natur und Geschöpfe gleichermaßen, zutiefst miteinander verbunden und voneinander abhängig sind, dann ist es schwer, warme Güte in unseren Herzen zu spüren. Um Mitgefühl wirklich empfinden zu können, müssen wir oft zunächst uns und anderen vergeben. Auf uns selbst zielende Schuld- und Schamgefühle sind ebenso wie auf andere gerichteter Zorn und Hass destruktive Emotionen, die uns daran hindern, Selbstmitgefühl und Mitgefühl zu vertiefen. Wir müssen uns von derart negativen Gefühlen so weit als möglich befreien.

Man kann Vergebung nicht erzwingen, doch sie kann sich wie liebende Güte aus dem Samenkorn der Intention entwickeln und wachsen, indem wir uns ihr beharrlich öffnen. Das heißt nicht, dass wir schlechte Taten verzeihen. Doch verzeihen wir uns unsere eigenen Missverständnisse und unsere Verwirrung, die sie vielleicht verursacht haben, und vermeiden zugleich eine Wiederholung.

Menschliches Mitgefühl oder das, was ich manchmal als »menschliche Zuneigung« bezeichne, ist der Schlüsselfaktor für alle menschlichen Angelegenheiten.

Dalai Lama

In seinem Buch *Offen wie der Himmel, weit wie das Meer* (München 2003) erzählt Jack Kornfield eine wunderbare Geschichte über einen grundlegend anderen Umgang mit lieblosem Verhalten. Die Bambemba, ein Stamm in Südafrika, nutzen Güte, um einem Gesetzesbrecher die Wiedereingliederung in ihre Gesellschaft zu erleichtern. Dieser wird in die Dorfmitte gestellt, und die Bewohner versammeln sich im Kreis um ihn. Dann erzählt jedes einzelne Stammesmitglied von einer guten Tat dieses Gesetzesbrechers, an die er sich erinnert. Sie kann aus seiner Kindheit stammen oder erst vor Kurzem geschehen sein. Alles Hilfreiche, was er getan hat, wird erinnert und wiedergegeben. Das Ritual kann mehrere Tage dauern. Schließlich öffnet sich der Kreis, und die Dorfbewohner feiern die Wiedergeburt ihres Bruders/ihrer Schwester.

Können Sie sich vorstellen, wie heilsam ein solches Ritual ist? Sie wissen, dass Sie etwas Liebloses getan haben, und doch erinnert man sich nur an Ihre guten Taten. Es ist ein sicheres Rezept, um sich von Scham und Schuld zu befreien und sich inmitten der wichtigen Menschen im Leben aufgehoben und unterstützt zu fühlen. Vielleicht beendet es sogar die negativen Selbstgespräche und verbindet Sie mit allem Guten und Liebenswerten in Ihrem Inneren.

Echte Vergebung gibt es nur, wenn wir uns von unseren erbarmungslosen Standards verabschieden, die ohnehin niemand erreicht. Der Neuropsychologe Rick Hanson formuliert treffend: »Die eigenen Fehler klar sehen, mit Reue Verantwortung für sie übernehmen, Wiedergutmachung leisten und dann seinen Frieden mit ihnen machen, das nenne ich Selbstvergebung.«

Ebenso wichtig ist es, anderen ihr Fehlverhalten zu vergeben. Wenn andere leiden, mag es leicht sein, Mitgefühl aufzubringen. Doch wenn sie uns leiden machen, dann muss sich unser Herz in die Dunkelheit hinein öffnen, und wir müssen unsere Wohlfühlzone verlassen, um Mitgefühl auszudrücken.

Anhand eines Experiments fand die Psychologin Kristin Neff heraus, dass diejenigen, die Selbstmitgefühl aufbringen, leichter denen vergeben können, die ihnen Leid zugefügt haben. Wenn man erkennt, dass die Mängel anderer das eigene Fehlverhalten spiegeln, dann bringt man die notwendige Güte auf, um auf Ärger und Schuldzuweisungen zu verzichten.

Sich von Verbitterung zu befreien, wird Ihnen das Leben erleichtern und jenem einen Neuanfang ermöglichen, der Sie verletzt hat. Natürlich spielt die Schwere seines Vergehens eine Rolle. Selbstmitgefühl kann bedeuten, Vergebung zu bejahen, aber zugleich eine Fortsetzung der Beziehung zu dieser Person zu verneinen.

Ich erinnere mich an eine traurige aber zugleich wunderbare Geschichte von einer Mutter, die ihren Sohn Jo durch Schusswaffen verlor und schließlich den Täter regelmäßig im Gefängnis besuchte. Sie war untröstlich, wusste aber auch, dass der Tod ihres Sohnes ein Unfall war. Jo trug wie der andere Junge eine illegal beschaffte Waffe bei sich, und nach einer alkoholseligen Nacht, in der sie mit ihren Waffen herumalberten, lag einer von ihnen tot im Rinnstein. Ihr war klar, es hätte auch der andere sein können. Der Junge, den sie regelmäßig im Gefängnis besuchte, war voller Reue. Jo und er waren Freunde, und der Junge war oft bei ihnen zu Hause gewesen – seine Eltern waren beide tot, und seine Großmutter versorgte außer ihm vier weitere Enkel.

Je öfter sie ihn im Gefängnis besuchte, umso größer wurde ihr Mitgefühl. Er fühlte sich so vernichtet und traurig, aber ihre Besuche gaben ihm Halt. Als er nach vier Jahren aus dem Gefängnis entlassen wurde, bot ihm Jos Mutter an, dass er bei ihr wohnen könne, wenn er wolle. Das war ihr finaler Akt echter Herzensgüte und Vergebung – sie hieß ihn willkommen, als sei er ihr eigener Sohn.

Übung: Einem Verursacher vergeben

Warten Sie, bis Sie wirklich bereit sind zu vergeben. Machen Sie sich die Gründe bewusst, die den anderen zu seiner Tat veranlasst haben mögen.

1 Überlegen Sie, was könnten die Ursachen für Ihre Schädigung sein? Welche emotionalen Aspekte könnten eine Rolle gespielt haben: Angst, Fehleinschätzung, Wut, Neid, Stress? Ohne die Tat rechtfertigen zu wollen, können Sie erkennen, dass Sie unter solchen Bedingungen vielleicht ähnlich gehandelt hätten? Was könnte in dem anderen vorgegangen sein und ihn daran gehindert haben, sein Handeln zu kontrollieren? Möglicherweise hat Stress sein emotionales Bewusstsein vorübergehend ausgeschaltet. Vielleicht hatte er kein gutes Elternhaus, oder ihm fehlt Bildung. Oder war er einfach nur rücksichtslos, ichbezogen oder gemein? Ist der Verursacher selbst schlecht behandelt worden, oder hat er eine genetische Prädisposition für sein Verhalten?

2 Nun, da Sie Erklärungen gesucht haben, bleibt Ihnen, um sich vor Verbitterung zu bewahren, nur, die menschlichen Mängel des Verursachers zu akzeptieren. Indem Sie sich von Ihrem Ärger losmachen, gelingt Ihnen vielleicht Vergebung und der Verzicht auf Vorwürfe. Machen Sie kleine Schritte, wenn das Vergehen groß ist. Die Metta-Übung (siehe Seite 76f.) kann hier ebenso hilfreich sein wie Geduld mit Ihren verletzten Gefühlen.

3 Jetzt sind Sie an der Reihe. Können Sie zugleich ihre Fehler und sich als herrlichen Teil der Schöpfung begreifen?

Übung: Sich selbst vergeben

Bearbeiten Sie in Ihrem Tagebuch die folgenden Punkte:

1. Notieren Sie, wofür Sie meinen, Vergebung zu brauchen. Was müssen Sie sich bewusst machen, damit Sie sich vergeben können? Bearbeiten Sie die Punkte nacheinander.

2. Nachdem Sie alles aufgeschrieben haben, stellen Sie sich jemand anders an Ihrer Stelle vor. Welche Gefühle hätte der andere? Könnten Sie ihm vergeben? Bitten Sie Ihren klügsten und freundlichsten Persönlichkeitsanteil, diesem verwirrten und vielleicht schuldigen anderen zu vergeben.

3. Nun stimmen Sie sich auf den eben geschaffenen, gesunden Gefährten ein. Sie könnten sogar einige Sätze aus der Metta-Meditation (siehe Seite 76f.) verwenden: »Möge ich sicher sein, friedlich und freundlich.« Richten Sie die gleiche Güte und Offenheit auf sich und Ihr fehlerhaftes Verhalten, das Sie nicht mehr billigen.

4. Notieren Sie all Ihre freundlichen, mutigen und nützlichen Taten (und gratulieren Sie sich dazu). Das wird Ihnen leichter fallen, wenn sie sich jemanden vorstellen, der Sie liebt, und Ihnen sagt, was er an Ihnen gut findet.

Seien Sie geduldig und arbeiten Sie sich Punkt für Punkt durch Ihre Liste. Manchen Punkt werden Sie wiederholen müssen, bis Sie sich vergeben können. Nehmen Sie sich Zeit, um Ihre Vergebung mit Körper und Herz zu empfinden. Spüren Sie Frieden und Leichtigkeit, die mit der Auflösung von Schuld und der Erinnerung an Güte einhergehen. Welche Körperempfindungen haben Sie? Wie werden Sie und andere von Ihrer Selbstvergebung profitieren?

Überschreitung

Alles, was wir hätten denken sollen, und nicht dachten.
Alles, was wir hätten sagen sollen, und nicht sagten.
Alles, was wir hätten tun sollen, und nicht taten.
Alles, was wir nicht hätten denken sollen, und doch dachten.
Alles, was wir nicht hätten sagen sollen, und doch sagten.
Alles, was wir nicht hätten tun sollen, und doch taten.
Für Gedanken, Reden und Handlungen beten wir, o Gott, um Vergebung,
Und bereuen mit Buße.

Aus dem Avesta von Zarathustra

Liebe ist Vergebung

Ich vergebe dir für das, was du gesagt und getan hast.
Ich vergebe dir für das, woran du glaubst.
Ich vergebe dir für deine Missachtung des von dir verursachten Leids.
Ich vergebe dir dafür, dass du dich nicht entschuldigst.
Ich halte meine Liebe nicht zurück.
Falls ich es doch tue, bitte vergib mir.

Modernes Gebet aus Tel Aviv, Israel

Der Mutter vergeben lernen

Es war einmal ein kleines Mädchen namens Kirsty, die ein freundliches und sanftes Wesen hatte. Ihre Mutter liebte sie sehr, und Kirsty liebte sie ebenfalls. Kirsty genoss es, die seidenen mit silbernen Fäden durchzogenen Unterröcke der Mutter, ihre Perlen und Schuhe zu tragen. Darin ging sie umher und sagte, in Wirklichkeit sei sie eine Prinzessin. Für ihre Mutter war sie das natürlich sowieso. Außerdem war Kirsty recht klug und lernte Lesen, Singen, Schwimmen und Skifahren noch bevor sie fünf Jahre alt war.

Kirsty hatte auch einen Vater, der sie vermutlich ebenfalls liebte, aber sicher war sie sich nicht. Er war sehr streng und stellte viele Regeln auf. Wenn er nach dem Essen schlief, musste Kirsty eine Stunde lang vollkommen still sein. Beim Fernsehen wechselte er ohne Rücksicht den Sender. Jeden Samstag fuhren sie zur Oma, bei der Kirsty am Wochenende blieb. Sie hasste die Fahrt, weil ihr Vater dabei rauchte und ihr schlecht wurde. Obwohl ihre Mutter ihn bat, darauf zu verzichten, rauchte er trotzdem.

Als Kirsty fünf war, fing ihre Mutter an, sich zu verändern. Sie trank von der braunen Flüssigkeit aus dem Wohnzimmerschrank und bat Kirsty danach immer, ihr beim Auffüllen der Flaschen mit schwarzem Tee zu helfen. Das war ein aufregendes Spiel, von dem der Vater nichts wissen durfte.

Eines Tages brachte der Vater einen Besucher mit, und gemeinsam tranken sie von der braunen Flüssigkeit. Hinterher war der Vater wütend auf die Mutter. Sie schrien einander an, und die Mutter warf einen Aschenbecher nach dem Vater. Er verfehlte ihn und beschädigte ein Bild an der Wand, bevor er auf dem Boden zerbrach. Kirsty half der Mutter beim Aufräumen. Bald darauf wurde die Mutter in ein Sanatorium geschickt, und Kirsty blieb erst bei der einen und dann bei der anderen Tante und an den Wochenenden bei ihrer Oma.

Sie freute sich so sehr, als die Mutter nach Hause kam. Es ging ihr besser, aber nicht lange. Kirsty kam nachmittags aus der Schule und fand die Mutter noch im Nachthemd auf dem Fußboden. Kirsty bekam sie nicht wach, also holte sie einen Krankenwagen. Der kam rasch und brachte ihre Mutter ins Krankenhaus. Wieder musste Kirsty bei ihren Tanten und ihrer Oma bleiben und vermisste ihre Mutter sehr. Ihr Vater war mit seiner Arbeit beschäftigt, sie sah ihn nicht oft.

Jahrelang hatte Kirsty diesen schrecklichen Schmerz in ihrer Brust; es fühlte sich an, als müsse sie platzen. Sie fürchtete sich immer davor, was sie nach der Schule zu Hause vorfinden würde. Meist benahm sich ihre Mutter merkwürdig, redete wirr, kochte nicht mehr und versteckte die Flaschen mit der braunen Flüssigkeit, deren Geruch Kirsty hasste.

Der schlimmste Tag war, als ihre Mutter aus dem Fenster sprang. Kirsty dachte, sie würde sie nie wieder sehen, doch sie musste einen Schutzengel gehabt haben, denn sie landete auf dem Balkon nur eine Etage tiefer und nicht fünf Etagen tiefer auf der Straße. Sie überlebte, musste aber lange im Krankenhaus bleiben. Ihr Vater wollte ihre Mutter verlassen, tat es dann aber doch nicht. Kirsty wurde eine junge Frau und kümmerte sich um ihre Mutter, die sich nie wieder richtig erholte.

Vergeben lernen **107**

Und, hat die Geschichte ein glückliches Ende? Das kommt darauf an, wie man es sieht. Als Kirstys Vater starb, stellte ihre Mutter von einem auf den anderen Tag das Trinken ein. Sie war nun alt, gebrechlich und verängstigt. Doch eines Tages erzählte sie Kirsty, warum sie in die Welt geflohen war, die die braune Flüssigkeit ihr eröffnete. Davon, dass sie mit zehn Jahren ihren geliebten Vater verloren hatte und mit 14 sexuell missbraucht worden war. Ihre glücklichsten Jahre waren die erste Zeit mit Kirstys Vater und mit ihrer kleinen Tochter. Doch dann hatte Kirstys Vater mit seinem Geschäft Erfolg, und er mochte auch andere Frauen, und sie wusste nicht, was sie machen sollte. Also trank sie und vergaß.

Sie bat Kirsty um Verzeihung. Sie tat es noch viele Male und sagte ihr wie früher, wie sehr sie sie liebte und wie stolz sie auf sie war. Kirsty tat ihr Bestes und fing an, ihr zu vergeben – und vergibt ihr weiter täglich ... Schritt für Schritt.

... Schritt für Schritt.

> Die Franziskanerin Joan Puls schrieb ein wunderbares Buch mit dem Titel *A Spirituality of Compassion* (Eine Spiritualität des Mitgefühls, New London/Connecticut 1988), um den Dialog der Religionen zu fördern. Im Hinblick auf Vergebung sind einige ihrer Ideen äußerst hilfreich.
>
> Als sie 13 Jahre alt war, wurde Joan wiederholt von einem Priester missbraucht. Fast zwei Jahrzehnte lang behielt sie die Vorfälle für sich. Dann kamen sie in einer Therapie ans Licht. Sie erkannte, dass ihr weiteres Wachstum nur dann möglich sein würde, wenn sie Wut und Verbitterung im Hinblick auf den Priester abstreifte. Sie beschreibt, wie erleichtert sie war, nachdem sie ihm einen aufrichtigen Brief über den Schaden geschrieben hatte, den sein Verhalten ihr zugefügt hatte. Obwohl der Priester ihr nie antwortete, sagt sie: »Jeder muss Wege finden, um den Lebensfluss, den alte Traumata und vergessene Verletzungen blockieren, frei zu machen.«

Aufrichtige Vergebung finden

Vergebung fällt leicht, wenn die betroffene Beziehung unbedeutend ist. Sie ist unkompliziert, wenn man weder Ansichten noch Besitz in großem Maß aufgeben muss. Einige Formen der Vergebung, wie z.B. zur Beichte gehen oder Kinder dazu anhalten, einander um Entschuldigung zu bitten, kann sich wie eine Pflicht anfühlen und bedarf nur einer rituellen Absolution.

Ohne den anderen aufrichtig anzunehmen, ist Vergebung oberflächlich – »Ich vergebe dir, aber weißt du eigentlich, wie sehr du mich verletzt hast?« Echte Akzeptanz heißt, unsere eingeschränkte Wahrnehmung der Motive des anderen und unseres Beitrags zum Konflikt anzuerkennen. Der Prozess aus Annehmen und Vergeben verlangt außerdem, dass wir uns unser Potenzial eingestehen, selbst andere, auch die, die wir lieben, zu verletzen.

»Derjenige, der als Erster die atemberaubende Entdeckung gemacht hat, dass Liebe der Mittelpunkt des Universums ist, der hat sie gemacht, weil sein eigenes Herz gebrochen war«, erklärt Jonathan Graham, ein Pastor aus South Carolina. Vergebung ist also ein aktiver Vorgang. Indem wir anderen vergeben, erkennen wir an, dass jeder von uns zugleich Täter und Opfer ist. Ohne Vergeben halten wir an der Illusion verteilter Rollen fest.

Vergebung verursacht immer Schmerz. Sie verlangt von uns vertieftes Verständnis, ein geöffnetes Herz und mehr Toleranz. Wir müssen unser Herz beugen und unsere selbst erklärte Rechtschaffenheit aufgeben, und das fällt schwer. Wir müssen uns von gewohnten Reaktionen verabschieden: Wut, Verletzung, Argwohn. Somit ist Vergebung auch Befreiung.

Manchmal müssen wir dem Leben und seinen Ereignissen vergeben und uns von unserer Suche nach Antworten befreien. Weigern wir uns, dann verschließen wir uns vor der Schönheit und Freude, die das Leben selbst in Zeiten der Trauer und Verwirrung anbietet.

Wir wollen das Leben kontrollieren, Ergebnisse steuern, eigene Züge und die anderer vorausplanen und an unseren Erwartungen festhalten und müssen stattdessen mit ungeplanten Unterbrechungen und unerwarteten Krankheiten klarkommen. Da ist Vergebung eine tagtägliche Herausforderung. Wenn es uns nicht gelingt, uns mit diesen alltäglichen Störungen zu versöhnen, dann werden wir wohl kaum unseren Frieden mit den großen Traumata und Verletzungen in unserem Leben machen. Die täglichen Wirren und Herausforderungen sind unser Training für die großen Augenblicke, in denen wir einem Sterbenden vergeben oder im Sterben um Vergebung bitten.

Vergebung heißt, den verursachten Schmerz akzeptieren, den Kampf einstellen und die Waffen niederlegen. Vergebung ist schwer, weil wir sie mit dem Akzeptieren einer Ungerechtigkeit verwechseln. Sie ist schwer, weil wir unseren Stolz und unser Kontrollbedürfnis zurückstellen müssen.

Können wir jenen vergeben, die anderer Meinung sind als wir? Können wir Stereotypen aufgeben und erkennen, dass es unsere Menschlichkeit ist, die uns verbindet? Wahre Vergebung heißt, den eigenen Schmerz in Schach halten, ihn nicht in Hass oder Rache verwandeln, sondern dem Täter Heilung gewähren. Entfremdung wird in Versöhnung verwandelt, Feindseligkeit in Verständnis. Vergebung ist eine Neuidentifizierung mit der Liebe.

Übung: Vergeben und um Vergebung bitten

Diese Übung basiert auf der Lehre von S. N. Goenka, dem führenden Lehrer der Vipassana-Meditation. Sie kann als Fortsetzung der ersten beiden Übungen in diesem Kapitel dienen (siehe Seite 102f.) und Ihnen helfen, Ihre Verletzungen, die empfangenen und die ausgeteilten, durchzuarbeiten.

1. Suchen Sie sich einen Platz, an dem Sie ungestört sind und Ihnen nicht kalt wird.

2. Stellen Sie Kontakt zu Ihrem Herzen her, zu seiner Fähigkeit zu lieben, sich zu öffnen, zu erwärmen.

3. Erinnern Sie sich an eine Person, die Sie wissentlich oder unwissentlich mit Gedanken, Worten oder Taten verletzt hat. Machen Sie sich klar, dass die Basis dieser Verletzung Unwissenheit, Illusion, Dummheit oder das Streben nach dem eigenen Glück war. Vergeben Sie der Person, indem Sie stumm sagen: »Ich vergebe dir/Möge dir vergeben sein.«

4. Jetzt erinnern Sie sich daran, dass auch Sie wissentlich oder unwissentlich mit Gedanken, Worten oder Taten andere verletzt haben. Machen Sie sich klar, dass die Basis dieser Verletzung Unwissenheit war, und bitten Sie die Person stumm um Verzeihung: »Möge mir vergeben sein./Bitte vergib mir.«

7 Sich Ängsten öffnen und Belastbarkeit entwickeln

Selbstmitgefühl brauchen wir auch, wenn wir uns mit unseren Emotionen beschäftigen. Angst bewirkt abträgliche Verhaltensmuster ohne Mitgefühl. Sie hindert uns daran, kreativ zu sein oder etwas Neues auszuprobieren, macht uns engstirnig und reaktiv und veranlasst Menschen, einander zu zerstören.

Wenn Sie dieses Thema interessiert, dann leiden Sie vielleicht unter einer bestimmten Angst oder einer Reihe unterschiedlicher Formen. Besorgnis etwa kann wie eine ansteckende Krankheit sein, die sich über alle Bereiche des Lebens ausbreitet. Kommt Ihnen das bekannt vor?

Ziel dieses Kapitels ist es, die Angst genau zu untersuchen, damit sie ihre Macht verliert. Sie werden versuchen, zu einer gewissen Akzeptanz zu finden, damit Sie ehrlich sagen können: »Ich spüre die Angst noch, aber ich lasse sie mich nicht mehr daran hindern, mein Leben zu führen.«

Auf der kognitiven Ebene gibt es keine Spezies, die besser gestellt ist als der Mensch. Doch strukturell sind wir eher schwach: Wir haben zu unserem Schutz weder Krallen noch große Zähne, dicken Pelz oder Schuppen. Wir sind also äußerst verletzlich und mussten immer höchste Alarmbereitschaft aufrechterhalten, um nicht gefressen zu werden. Immerhin haben wir im 21. Jahrhundert kaum noch natürliche Feinde. Doch wir haben moderne »Säbelzahntiger« geschaffen, die unser Gehirn übersteuern lassen. Unsere neuen Herausforderungen heißen Maschinen, Technologie, Geschwindigkeit, Überbevölkerung, Computer und Umweltverschmutzung.

Unser Gefahrenmonitor macht keinen Unterschied zwischen einer Raubkatze und einem anspruchsvollen Projekt, das uns überfordert. Eine Handvoll ängstliche Gedanken und verkürzte Atemzüge reichen aus, um eine Kampf-oder-Flucht-Reaktion zu aktivieren. Nur die Auslöser unterscheiden sich. Unter Druck sind Menschen heute nicht ruhiger und weniger ängstlich. In seinem Buch *Mitgefühl* (Freiburg 2011) macht Paul Gilbert klar, dass die Natur uns zwar beim Überleben unterstützen will, nicht jedoch beim Chillen und Spaßhaben.

Die Angst verlieren

Wir kennen die typischen physiologischen Anzeichen für Angst – Schwitzen, Zittern, Verkrampfen, Verstummen –, doch Herz und Geist verfügen außerdem über subtilere Ausdrucksformen. Haben Sie sich je bewusst gemacht, dass Sie sich aus der Welt zurückziehen, wenn Sie den Computer oder den Fernseher anschalten? Im Handumdrehen verwandeln Sie sich vom Teilnehmer zum Betrachter, der nicht verlieren, aber eben auch nicht gewinnen kann. Sie sind nur da, schweben wie ein Einzeller im Ozean. Fallen Ihnen noch andere Beispiele dafür ein, wie Sie es vermeiden, sich auf das Leben einzulassen? Nichts geht schief, aber das Leben fließt an Ihnen vorbei.

Menschen sind Rudeltiere. Wir wollen Dinge zusammen tun. Deshalb treten wir Vereinen bei, weil man leichter in Gang kommt, wenn man nicht alleine ist. Haben Sie sich schon einmal selbst Vorhaltungen gemacht, weil Sie nicht zum Joggen oder zum Sport gegangen sind? Immer, wenn Sie so reagieren, verknüpft Ihr Gedächtnis ein weiteres kleines Vorurteil mit diesen Aktivitäten. Ihr Gehirn erinnert sich nur, dass Sie beim Gedanken an Ihre gewählte Aktivität unglücklich oder gestresst waren. Deshalb zaudern Sie, und es wird Ihnen auf lange Sicht immer schwerer fallen, sich dazu zu motivieren.

Ursache für das Zögern und Aufschieben kann eine zugrunde liegende Angst vor dem Alleinsein oder dem Versagen sein. Um unangenehmen Empfindungen zu entgehen, vermeiden wir die damit verbundene Tätigkeit: das Projekt, das Schreiben des Textes, das Familienfest, die Geburtstagsparty.

Um sich mit destruktiven Emotionen wie Angst anzufreunden, müssen Sie sie zunächst achtsam annehmen. Sobald Ihnen das gelingt, lernen Sie durch kluges Denken und Meditationen auch, mit ihnen klarzukommen.

Beginnen wir mit kleinen Veränderungen. Zunächst ist die grundlegende Bereitschaft erforderlich, im Alltag mitfühlend mit anderen zu interagieren. Z.B. könnten Sie morgens, wenn Sie aus dem Haus gehen, Ihrer Familie oder einem Fremden in der U-Bahn einen guten Tag wünschen. Sie müssen sich nicht auf heroische Gesten vorbereiten, aber doch darauf, präsent zu sein und Beistand zu leisten, wenn ein Problem in Ihrem Umfeld zutage tritt. Einer mit Einkäufen bepackten alten Frau die Tür zu öffnen, einen Fußball, der einem Kind auf die Straße rollt, zu stoppen, einen niedergeschlagenen Kollegen mit einem freundlichen Wort zu trösten, einem anderen geduldig seine Aufgabe zu erklären – all diese Handlungen bezeugen Ihre Bereitschaft, sich von Ihrer Angst (vor Zurückweisung oder Versagen) zu befreien und dem Mitgefühl zu öffnen. Sie beginnen, auch die stummen Hilferufe um sich herum zu hören, und weiten zunehmend Ihr Herz. Schon bald hören Sie sich die Sorgen des Obdachlosen an oder des bisher immer so souveränen Kollegen, der nun schrecklich unter der Krebsdiagnose seiner Tochter leidet. Dass er sich Ihnen anvertraut, zeigt, dass er Ihr mitfühlendes Herz wahrgenommen hat.

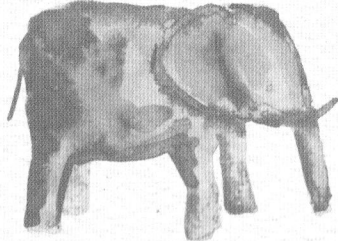

Kürzlich brachte ein amerikanischer Fernsehfilm namens *Mary and Martha* (2013) zwei Frauen aus unterschiedlichen Weltgegenden zusammen. Sie hatten beide ihre kleinen Söhne durch Malaria verloren. Ihr Schmerz war unerträglich, doch indem sie sich gegenseitig halfen, konnten sie sich über ihr eigenes Leid erheben und erkennen, dass in Afrika täglich Hunderte Kinder an dieser Krankheit sterben. Aus Mitgefühl mobilisierten die beiden ungleichen Frauen Unterstützung für die Kinder und stärkten das Bewusstsein für die vermeidbare Krankheit.

Warum sollen wir uns überhaupt mit dem Leid anderer befassen? Haben wir nicht mit uns selbst genug zu tun? Wer sich nur mit sich selbst beschäftigt, macht sich anfällig für Ängste. Helfen wir jedoch mit, das Leid anderer zu bekämpfen, dann entdecken wir in uns die Grenzenlosigkeit unseres Mutes und Mitgefühls.

Übung: Zaudern vermeiden lernen

Halten Sie in Ihrem Tagebuch die zahlreichen Taktiken fest, mit denen Sie das Leben »vermeiden« z.B. durch:

- ständiges Checken des Handys
- Zeitungslesen (»Ich muss informiert sein!«)
- das Vergessen wichtiger Verabredungen mit Freunden
- stündliches E-Mail-Checken
- stündliches Nachrichtenhören.

Sobald Sie Ihre Hauptverdächtigen kennen, verabreden Sie mit sich selbst, dass Sie diese »Vermeider« nach und nach, aber bestimmt durch echte Aktivitäten ersetzen.

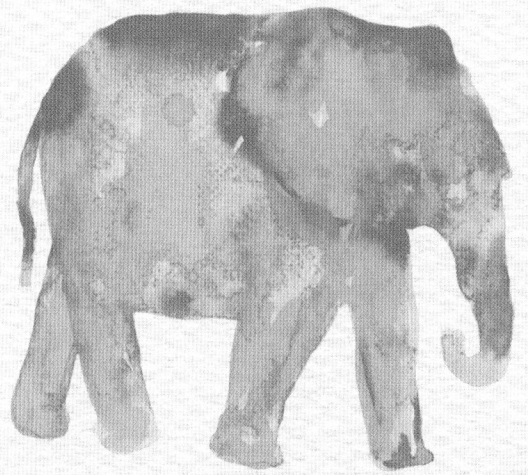

Auszug aus »Ithaka«

Brichst du auf nach Ithaka,
bitte um eine lange Reise,
reich an Abenteuern und Lehren...

Und wenn du Ithaka ärmlich findest, betrogen hat es
  dich nicht.
Ohnehin hat die auf langer Fahrt erworbene Weisheit
dich erkennen lassen, was Ithaka bedeutet.

Konstantinos Kavafis

Übung: Mit dem inneren Kind spielen

Statt sich selbst zu bekritteln, suchen Sie lieber in Ihrem Herzen nach dem einsamen Kind, das sich nach einem Spielkameraden sehnt. Sie könnten sich in die Arme nehmen und Kreativität in den Vordergrund Ihres Bewusstseins rücken. Schreiben Sie Ideen in Ihr Tagebuch.

Gibt es vielleicht eine Freundin, einen Nachbarn oder eine Kollegin, die mitmachen möchte? Vielleicht könnten Sie sich selbst dazu ermutigen, sich mit jemandem im Fitnesszentrum oder in einem Verein anzufreunden; ein freundliches Gesicht, das Sie erkennt und umgekehrt, wird Ihnen den Anfang erleichtern und Ihnen helfen, sich zugehörig zu fühlen.

Falls Ihr mangelndes Bedürfnis durch Versagensängste verursacht wird, etwa durch die Befürchtung, ein Projekt nicht abzuschließen oder nach Abschluss herauszufinden, dass weder Sie noch die anderen damit zufrieden sind, dann sollten Sie nach tiefer liegenden Gründen dafür suchen, warum es sinnvoll ist, etwas zum Abschluss zu bringen, auch wenn der Erfolg ausbleibt. »Spüren Sie die Angst und tun Sie es trotzdem.«

Sich Ängsten öffnen und Belastbarkeit entwickeln

Übung: Selbst Anreize schaffen

Notieren Sie in Ihrem Tagebuch gute Gründe, die dafür sprechen, eine Aufgabe oder ein Projekt abzuschließen wie etwa:

- Ich würde dabei etwas lernen.
- Ich würde mich freuen, es geschafft zu haben, und das gilt vielleicht auch für … (ergänzen Sie die Namen, die Ihnen in diesem Zusammenhang einfallen).
- Es geht nicht immer darum, der oder die Beste zu sein, sondern auch um das Abenteuer, etwas Neues auszuprobieren.
- Falls es anderen nicht gefällt, ist es deren Sache. Vielleicht wird es mir gefallen oder anderen oder auch nicht (Alles-oder-nichts-Denken aufgeben).
- Vielleicht ist mein Projekt genau das, worauf schon viele gewartet haben.
- Wenn ich es nicht versuche, finde ich es nie heraus.
- Jedem misslingt einmal etwas; so ist das Leben. Auch wenn ich scheitere oder hinter meinen Vorstellungen zurückbleibe, werde ich mich trotzdem akzeptieren und respektieren.
- Dieses Projekt hat das Potenzial, mir beim Wachsen und Lernen zu helfen.

Jeder der genannten Gründe ist nützlich, doch falls Ihnen ein oder zwei besonders hilfreich erscheinen, dann notieren Sie sie auf einem Zettel und befestigen Sie ihn an Ihrem Computer oder Kühlschrank.

Erde, lehre mich

Erde, lehre mich Stille wie das Gras mit Licht gestillt wird.

Erde, lehre mich Leiden wie alte Steine an Erinnerungen leiden.

Erde, lehre mich Bescheidenheit wie den bescheidenen Anfang der Blüten.

Erde, lehre mich Fürsorge wie die Mutter, die für ihr Junges sorgt.

Erde, lehre mich Mut wie der Baum, der einzeln steht.

Erde, lehre mich Selbstbegrenzung wie die Ameise, die auf dem Boden krabbelt.

Erde, lehre mich Freiheit wie der Adler, der hoch am Himmel schwebt.

Erde, lehre mich Ergebenheit wie die Blätter, die im Herbst absterben.

Erde, lehre mich Erneuerung wie die Saat, die im Frühjahr keimt.

Erde, lehre mich Vergessen wie geschmolzener Schnee sein Leben vergisst.

Erde, lehre mich, mich an Güte zu erinnern wie trockene Felder, die im Regen weinen.

Gebet der Ute-Indianer

Sich Ängsten öffnen und Belastbarkeit entwickeln

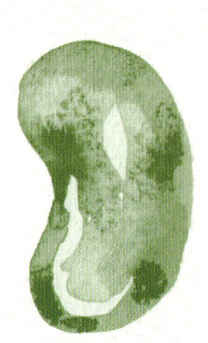

Dem »Körperkult« widerstehen

Selbstmitgefühl und Achtsamkeit ermöglichen »zu lieben, was ist«. Indem wir lernen, uns mitfühlend zu akzeptieren, können wir leichter im Hier und Jetzt gegenwärtig sein. Wir lassen uns nicht so leicht von alten Ängsten und Selbstverurteilungen vereinnahmen oder von auf die äußere Welt gerichteten Sorgen.

Das Leben im 21. Jahrhundert ist mit seinen Anforderungen an ein perfektes Aussehen für die meisten eine unablässige Herausforderung. Betroffen sind meist Frauen, aber auch Männer spüren bereits den Druck unseres »epischen Ringens um den eigenen Körper«.

Die englische Gesundheitsbehörde definiert eine Person mit Essstörungen als jemanden, der übertrieben auf sein Gewicht und seine Körperform achtet und gefährliche Entscheidungen, mit denen er sein Wohlergehen aufs Spiel setzt, in Sachen Ernährung und Sport trifft. Sie geht davon aus, dass bei einer von 250 Frauen und einem von 2000 Männern im Verlauf ihres Lebens Magersucht diagnostiziert wird. Bei meiner Recherche zum Thema stieß ich auf einen Schönheitschirurgen, der »mitfühlende, warme und persönliche Fürsorge« versprach.

Der Körperkult ist kein Phänomen, das plötzlich aufgetreten ist. Wenn man sich alte Schwarz-Weiß-Filme ansieht, fällt auf, dass die Schauspieler auf ihre eigene Art gut aussahen, aber die Männer hatten normale Körper ohne schwellende Muskelberge, und die Frauen waren von unterschiedlichen Formen und Größen. Je ausgefeilter die Filmtechnik und die nachträgliche Bildbearbeitung wurde, umso größer die Unwahrscheinlichkeit, dass normale Menschen »Schönheit« für sich in Anspruch nehmen können. Doch das Streben nach Perfektion veranlasst immer mehr Frauen und Männer, anders aussehen zu wollen und dafür auch ungesunde Ernährung und chirurgische Eingriffe in Kauf zu nehmen.

Sich Ängsten öffnen und Belastbarkeit entwickeln

Übung: Selbstmitgefühl für den Körper

Diese Übung folgt mit Genehmigung von Chris Germer und Kristin Neff dem »Programm des achtsamen Selbstmitgefühls«. Es ist das Ziel dieser Übung, dass Sie sich und Ihren Körper akzeptieren lernen und maßhalten mit Industrienahrung, ungesunden Getränken, Bewegungsmangel und Stubenhockerei.

1. Nehmen Sie in Ihrem Tagebuch eine aufrichtige Einschätzung Ihres Körpers vor. Was mögen Sie an Ihrem Aussehen und am Funktionieren Ihres Körpers insgesamt? Bedanken Sie sich jemals bei Ihren Füßen dafür, dass sie Sie umhertragen, oder für Ihre schöne Stimme? Seien Sie kreativ und bewegen Sie sich vom Kopf hinunter zu den Füßen.

2. Nun werfen Sie einen freundlichen Blick auf Aspekte Ihres Körpers, die Ihnen weniger Freude bereiten. Vielleicht haben Sie kurze Beine oder eine empfindliche Haut, wegen der Sie lästigen Sonnenschutz benötigen. Seien Sie so objektiv wie möglich.

3. Gehen Sie von Ihrem mitfühlenden Herzen aus und erinnern Sie sich daran, wie groß der Druck durch die ungeschriebenen Gesetze der Medien ist.

4. Vielleicht können Sie trotzdem Dankbarkeit und Zärtlichkeit für die Aspekte Ihres Körpers aufbringen, die Sie gerne verändern würden. Finden Sie heraus, ob Sie wirklich etwas verändern müssen, und gewähren Sie Ihrem Körper lieber die Bewegung, nach der er sich sehnt. Erinnern Sie sich daran, dass Sie sich wohlfühlen und zufrieden sein wollen.

Wer meint, »perfekt« aussehen zu müssen, ist heute oft auch bereit, auf dem Weg zu diesem Ziel drastische Maßnahmen zu akzeptieren. Sollten sie versagen, dann bleibt immer noch die Möglichkeit der Bildmanipulation. Doch auch wenn Sie nicht zum Jetset oder zur Filmindustrie gehören, ist Ihre Selbstannahme und Ihr Selbstwertgefühl weitgehend davon abhängig, für wie gut aussehend Sie sich selbst halten.

Ob Sie zu viel oder zu wenig essen, sich von Ihrem Aussehen oder ihrem undisziplinierten Verhalten abgestoßen fühlen, Selbstmitgefühl kann Ihnen helfen, sich so anzunehmen und zu mögen, wie Sie sind. Sobald Ihnen dies gelingt, werden Sie ausgewogener entscheiden können, was Sie essen und trinken wollen und welches Bewegungsprogramm Ihnen wirklich so zusagt, dass Sie dabeibleiben. Viele Menschen gehen nur widerwillig ins Fitnessstudio, aber vielleicht kommen Sie mit Schwimmen, Walken oder Yoga, Pilates, Tai-Chi oder Qigong klar.

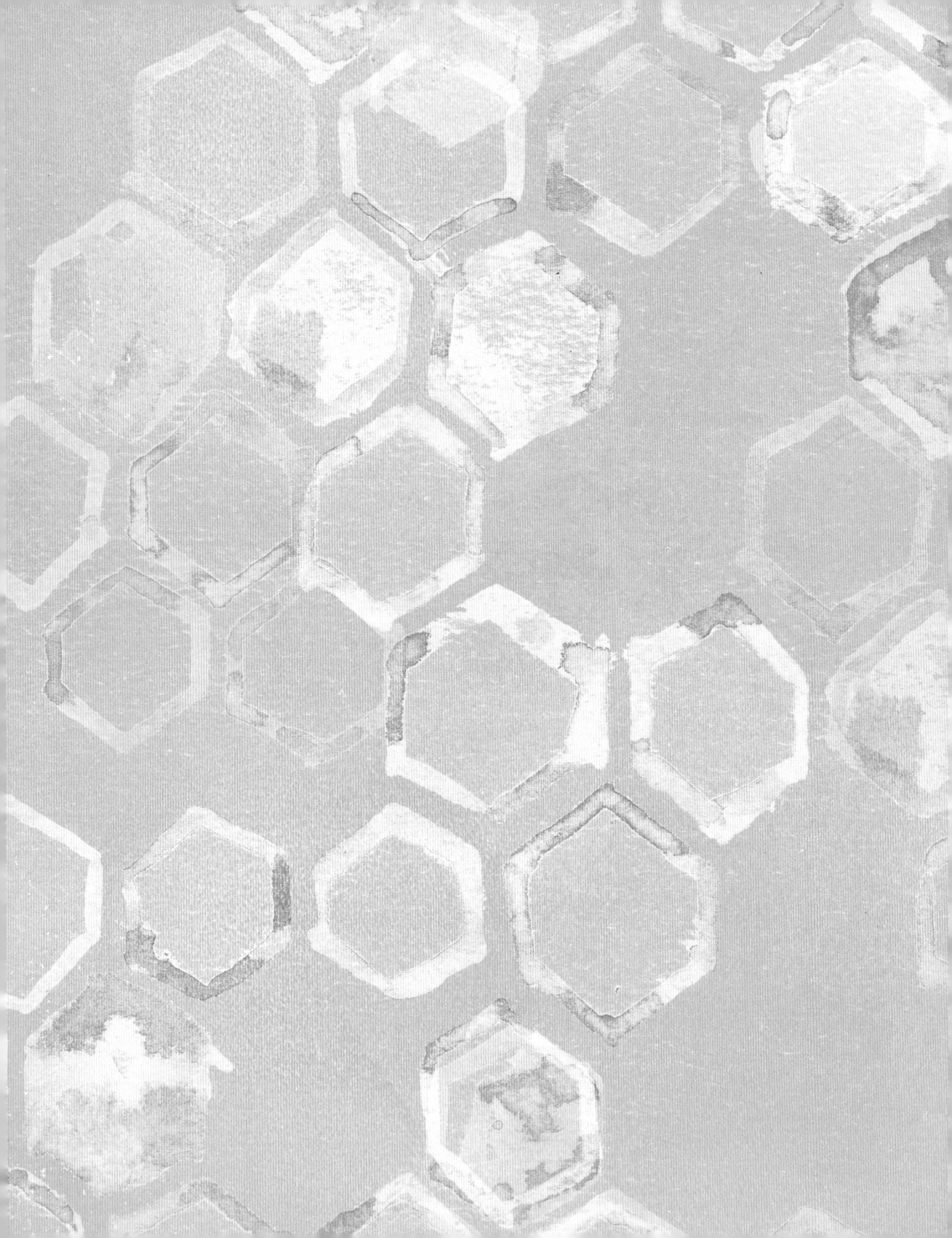

8 Mitfühlender Führungsstil, mitfühlendes Leben

Kapitel 8

Fragen Sie sich manchmal, warum Sie sich so abkämpfen, warum die meisten Leute gleichgültig sind, und warum Sie die Nachrichten von den furchtbaren Dingen, die Menschen sich einander antun, nicht mehr verkraften? In solchen Augenblicken ist es hilfreich, daran zu denken, dass es Menschen gibt, die hoch fliegen wie eine weiße Taube, um zu sehen und im Interesse anderer zu handeln.

In den späten 1960er-Jahren reiste der buddhistische Mönch Thich Nhat Hanh auf Versöhnungsreise durch die USA. Der Vietnamkrieg war in vollem Gang, und der Mönch wollte den Amerikanern erklären, was es bedeutet, im Kriegsgebiet zu leben, was die Bauern und ihre Kinder wegen einer grausamen Politik erdulden müssen. Der sanfte kleine Mann strahlte so viel Güte und Mitgefühl aus, dass er meist eine direkte Verbindung zu den Herzen seiner Zuhörer fand. Er sprach nicht über Schuld und Vergeltung, sondern über das alltägliche Leid, das sich so weit entfernt zutrug, dass man es leicht verdrängen konnte.

Er erzählte über das Christentum und den Buddhismus und vom einfachen Leben, das die Menschen in Vietnam führten. Seine Geschichten handelten von der unvergesslichen Schönheit seines Landes und von dem Leid, den verbrannten Häusern und Körpern, den verwaisten Kindern, die nachts weinten.

Eines Abends hielt er einen Vortrag in der Kirche eines schicken Vororts von St. Louis. Als Nhat Hanh wieder für Güte und die Beendigung des Krieges warb, griff ihn ein massiger, wütender Mann verbal an. Wieso er nicht in Vietnam sei und seinen Leuten helfe, statt hier Reden zu halten. Nhat Hanh brauchte Zeit für seine Antwort, und sie kam ruhig und fast flüsternd. Bei einem Baum bewässere man die Wurzeln und nicht die Blätter. Die Wurzeln seien aber hier in Amerika. Um also das Leid seines Volkes zu beenden, habe er die einzige Möglichkeit gewählt, die ihm sinnvoll erschien: in die USA zu reisen und dort mit den Menschen zu sprechen. Indem er mit so viel Weisheit, Klarheit und Mitgefühl sprach, gelang es ihm, die Wut im Raum vollständig aufzulösen.

Nach seinem Vortrag verließ er eilig die Kirche. Ein Freund, der die Vorgänge beobachtet hatte, ging ihm nach und sah, wie der Mönch nach Luft rang. Nhat Hanh erzählte ihm, wie sehr die Worte des Mannes ihn

aufgebracht hatten. Er habe den Zorn in sich aufsteigen gefühlt, jedoch nicht explodieren wollen. Sein Freund fragte ihn, warum er seinem Ärger nicht freien Lauf gelassen habe, und der Mönch antwortete: »Wenn es nur um mich ginge, ja. Ich spreche hier aber für die vietnamesischen Bauern. Wir müssen uns größte Mühe geben, unserem Anliegen Gehör zu verschaffen.« (Thich Nhat Hanh, *Das Wunder der Achtsamkeit*, Bielefeld 1988, S. 132-134)

Vielleicht fällt Ihnen eine Gelegenheit ein, bei der Ihnen zuletzt jemand geschadet hat. Es kann sehr schlimm sein, wenn man hintergangen wird oder Lügen über einen verbreitet werden. Es ist äußerste Selbstdisziplin aber auch tiefes Mitgefühl für die Menschheit insgesamt erforderlich, um wie Thich Nhat Hanh auf Vergeltung zu verzichten.

Kürzlich kehrte die burmesische Politikerin Aung San Suu Kyi erstmals nach Oxford zurück, wo sie in den 60er-Jahren studiert hatte. Die tiefe Loyalität zu ihrem Land hatte sie wohl von ihrem Vater übernommen, der Burma (heute Myanmar) Mitte des 20. Jahrhunderts in die Unabhängigkeit führte.

Bevor Sie 1971 Michael Aris heiratete, schickte sie ihm einen Brief, in dem sie ihre Prioritäten verdeutlichte und ihn um seine Zustimmung bat, jederzeit nach Burma zurückkehren zu dürfen, falls ihr Volk sie brauche. Im Jahr 1988 (ihre Söhne waren zehn und 14 Jahre alt) fuhr sie zu ihrer kranken Mutter nach Burma und blieb nach ihrem Tod dort, um sich für die Demokratie einzusetzen. Da sie jahrelang unter Hausarrest gestellt war, konnte sie nicht bei ihrem Mann sein, als er 1999 an Krebs starb. Das muss sehr schwer für sie gewesen sein, da sie einander sehr liebten. Auch ihre Kinder sah sie erst 2010 wieder. Als sie 1991 den Friedensnobelpreis erhielt, sagte sie in ihrer Dankesrede »Freiheit von Angst«, dass nicht die Macht die Menschen korrumpiere, sondern die Angst davor, die Macht zu verlieren. Ihr Preisgeld (ca. 1,3 Millionen Dollar) spendete sie einer burmesischen Stiftung für Gesundheit und Erziehung.

Es gibt noch andere, denen schweres Unrecht zugefügt wurde wie etwa Mahatma Gandhi, dem Dalai Lama und Martin Luther King. Gemeinsam ist ihnen, dass sie ihre Ängste überwanden und ihre Wahrheit aussprachen. Wenn Sie sich Ihre Tatkraft und Ihre tiefen Überzeugungen im Angesicht von Angst und möglichem Tod bewahren können, dann ist es eine echte Leistung, aufrichtig und überzeugend zu sprechen. Der Dalai Lama hat sich bei vielen Gelegenheiten bei den Chinesen für ihre Geduld bedankt. In seiner Jahrtausendansprache sagte er, dass wir keine Tempel, Kirchen und Moscheen brauchen, sondern lieber unseren Geist und unser Herz in ein Gotteshaus verwandeln sollten.

> Auge um Auge – und die ganze Welt wird erblinden.
>
> **Mahatma Gandhi (1869-1948)**

Mitfühlender Führungsstil, mitfühlendes Leben 129

Mahatma Gandhi hält in Madras eine Rede vor einer Pfadfindergruppe, um 1915

Übung: Eine mitfühlende Annäherung an einen Streit

Nachfolgend eine Übung, die der Neuropsychologe Rick Hanson entwickelt und mir für Sie zur Verfügung gestellt hat:

1 Finden Sie Ihr Zentrum. Spüren Sie Ihre Füße fest auf dem Boden und stellen Sie sich Wurzeln vor, die Sie mit der Erde verbinden.

2 Nehmen Sie sich Zeit für bewusste Atemzüge.

3 Begegnen Sie sich mit Mitgefühl. Spüren Sie den Schmerz, den der andere Ihnen zugefügt hat. Lassen Sie ihn zu, statt ihn zu unterdrücken. Sie können sich einen mitfühlenden Menschen, der Sie liebt, neben sich vorstellen.

4 Fragen Sie sich: Was ist wirklich geschehen? Seien Sie der Schiedsrichter und versuchen Sie, beide Seiten des Missverständnisses zu sehen.

5 Wie schlimm war die erlittene Herabsetzung auf einer Skala von 0 bis 10 (1 ist ein wütender Blick, 10 ist Prügel mit Krankenhausfolgen)? Falls das Ereignis eine 3 verdient, warum entspricht Ihre emotionale Reaktion dann einer 5 oder mehr?

6 Betrachten Sie den Gesamtzusammenhang. Versuchen Sie zu erkennen, was an der Situation nicht so schlimm war. Sehen Sie sie im Gesamtbild Ihres Lebens. Ereignet sich außerdem auch noch irgendetwas Gutes?

Mitfühlender Führungsstil, mitfühlendes Leben

7 Denken Sie über die andere Person und die zahllosen Gründe für ihr verletzendes Verhalten nach. Vielleicht gab es keinen Vorsatz. Und auch dann kann es sein, dass sie falsche Informationen über Sie hatte. Versuchen Sie, für sich und den anderen Mitgefühl aufzubringen. Übernehmen Sie Verantwortung für Ihren Anteil. Verzichten Sie auf Vorwürfe und versuchen Sie, so objektiv wie möglich zu sein. Man kann Mitgefühl und Vergebung aufbringen, auch wenn die Tat falsch war.

8 Reduzieren Sie zukünftig den Umgang mit Menschen, die Sie verletzen oder Ihnen unrecht tun. Suchen Sie sich Unterstützer und Zeugen. Wappnen Sie sich. Suchen Sie Rat bei einem Freund, Therapeuten, Juristen oder sogar bei der Polizei. Wenn nötig beschreiten Sie den Rechtsweg.

9 Teilen Sie mit, was gesagt werden muss, und stellen Sie Anforderungen für die Zukunft. »Auch wenn ich Ihnen lästig bin, könnten Sie bitte direkt mit mir sprechen und es mir erklären?« – »Würden Sie bitte auf Schimpfworte verzichten?« Denken Sie jetzt über Ihre Anforderungen nach und notieren Sie sie in Ihrem Tagebuch.

10 Versuchen Sie zu Ihrem eigenen Wohl, Wut und Verletzung loszulassen. Ziehen Sie Ihren Geist von der Vergangenheit ab und richten Sie ihn auf das Hier und Jetzt. Mehr, als was Sie jetzt versuchen, können Sie nicht tun. Dafür werden Sie respektiert oder auch nicht. Viele Menschen sind egoistisch und enttäuschen Sie.

11 Aber vor allem finden Sie Frieden in Ihrem Herzen.

Mitfühlende Kommunikation

Fast jeden Tag kann man sich über gedankenlose Worte und Taten anderer ärgern. Missverstanden zu werden schmerzt, insbesondere dann, wenn es durch Nahestehende geschieht. Mitfühlende Kommunikation will herausfinden, woher das Missverständnis rührt. Das Verständnis, das Sie sich durch mitfühlende Kommunikation erwerben, hilft Ihnen, die eine Person zu verändern, für die Sie wirklich verantwortlich sind: Sie selbst.

Vielleicht möchten Sie wissen, welche Muster in wichtigen Beziehungen für das Scheitern der Kommunikation verantwortlich sein könnten. Sobald Sie sie durchschauen, wollen Sie möglicherweise Ihren Kommunikationsstil verändern, um Ihre Interaktion mit anderen zu stärken, statt zu schwächen. Oder Sie möchten herausfinden, wie gute und fruchtbare Kommunikation funktioniert, um Kraft für neue Ziele und bedeutsamere Beziehungen zu finden.

Um mitfühlender zu kommunizieren, können Sie Folgendes probieren:

- Finden Sie heraus, ob und wie oft Ihr Denken im Hinblick auf Sie selbst und andere von Vorurteilen oder Schuldzuweisungen geprägt ist.
- Experimentieren Sie mit empathischem Zuhören und Sprechen, damit Sie tatsächlich aufnehmen, was andere sagen, und wirklich mitteilen, was Ihnen wichtig ist.
- Nehmen Sie sich jeden Tag Zeit, Ihre Kernüberzeugungen, die einen Großteil Ihres alltäglichen reaktiven Denkens formen, zu beobachten, und erleben Sie, wie die bessere Kenntnis Ihrer Überzeugungen ihren Einfluss mindert und die Gelegenheit schafft, sie zu ersetzen, da sie Ihnen vermutlich gar nicht mehr nützen.

> *Der Ton macht die Musik*
>
> Altes deutsches Sprichwort

Hier ein Beispiel. Vielleicht sind Sie bei Eltern aufgewachsen, die, aus welchen Gründen auch immer, nicht viel Zeit für Sie hatten. Um zu überleben, mussten Sie darauf verzichten, irgendjemandem zu vertrauen, und alles alleine schaffen. Um Ihre Kindheit zu überstehen, war dieses Vorgehen sicher sinnvoll. Aber wenn Sie weiter so leben, dann wird es Ihnen schwerfallen, Gedanken und Verantwortlichkeiten in einer erwachsenen Beziehung zu teilen. Die Folge könnte ein sehr bedürftiger oder gar kein Partner sein.

Eine Studie an der University of Pittsburgh zeigte, dass der Ton entscheidend für die Entwicklung eines Gespräches ist. Da wir unablässig alles auf mögliche Gefahren überprüfen, kann ein wiederkehrend kritischer, unzufriedener, ängstlicher oder wertender Ton unsere Interaktion mit anderen maßgeblich beeinflussen. Der amerikanische Psychologe John Gottman, der führend über Ehe und Elternschaft forschte, hat gezeigt, dass im Schnitt fünf positive Interaktionen notwendig sind, um eine einzige negative zu kompensieren.

Mitgefühl in Herz und Lied

Als zehnjähriges Mädchen war ich fasziniert von den Beatles. Ihretwegen wählte ich in der Schule Englisch als erste Fremdsprache. Mit dem Wörterbuch in der Hand übersetzte ich mir ihre Songs. Am meisten berührten mich George Harrison und seine Songs »Let it Be«, »Yesterday«, »All You Need Is Love«, »Here Comes the Sun« und »Blackbird«. Außer seinem musikalischen Genie zog mich seine tiefe Spiritualität an, damit berührte er meine Seele sogar noch mehr. Ravi Shankar, der spirituelle indische Musiker, war nicht nur in musikalischer Hinsicht Harrisons Lehrer, sondern auch in seelischer. Ihre Freundschaft, will mir scheinen, wurde im Himmel geschlossen. Sie lebten Musik, und Songs waren ihre Gebete.

George hatte eine direkte Verbindung zum Herzen und zur Sprache des Herzens; das bedeutete ihm mehr als Ruhm, Macht oder Reichtum. Als erster Musiker organisierte er ein Konzert ausschließlich mit dem Ziel, den Leidenden zu helfen. Er ersann das Konzert für Bangladesch (1971), um den Opfern des schrecklichen Bürgerkriegs dort zu helfen – es war die Rede von drei Millionen Toten und acht Millionen Flüchtlingen, und etwas musste geschehen. Also organisierte George das Konzert zusammen mit Ravi Shankar und anderen. Viele Musiklegenden wie Ringo Starr, Bob Dylan und Eric Clapton gesellten sich zu ihm auf die Bühne. Es gab zwei Aufführungen in New York, die Einkünfte gingen gemeinsam mit jenen aus den Plattenverkäufen und einem Dokumentarfilm
an die Flüchtlinge und Opfer des Krieges.

Für mich war George Harrison ein echter Leader, denn er brachte Hunderttausenden etwas über Güte und Mitgefühl bei. Er zeigte, dass jeder etwas tun kann, um das Leid anderer zu mindern.

Übung: Mitgefühl durch Musik

Ich bin sicher, Sie kennen einen oder mehrere Songs, die in Ihnen Güte, Zugehörigkeit und Mitgefühl auslösen. Vielleicht haben Sie Musik nie aus dieser Perspektive betrachtet. Durchsuchen Sie Ihr CD-Regal oder Ihre Playlists nach solchen Titeln und werden Sie zum Rechercheur des Mitgefühls. Hören Sie Ihre Musik an und notieren Sie in Ihrem Tagebuch, womit sie Ihr Herz so tief berührt. Welche Emotionen steigen in Ihnen auf, welche Bilder und Farben breiten sich vor Ihrem inneren Auge aus? Vielleicht möchten Sie ja sogar etwas malen oder Fotos machen, um die Geschichte des Songs zu vertiefen. Lassen Sie sich bei Ihrer Suche von Kreativität und Mitgefühl leiten.

Mitfühlender Führungsstil, mitfühlendes Leben

Verhaltensregeln für mitfühlende Kommunikation

(Empfohlen von dem Familientherapeuten und Neuropsychologen Rick Hanson.)

- Entspannen Sie Körper und Herz, da so auch Ihr Tonfall weicher wird.
- Vermeiden Sie Provokationen – Übertreibungen, Anschuldigungen, Verallgemeinerungen, Kränkungen, Schimpfwörter usw.
- Bedienen Sie sich einer ehrlichen und nicht konfrontativen Sprache. Rick empfiehlt: »Stellen Sie sich vor, Sie werden gefilmt und für Sie wichtige Personen sehen den Film später an; sagen Sie also nichts, was Sie später bereuen könnten.«
- Sagen Sie, was gesagt werden muss. Ein vernünftiger und höflicher Ton fördert Aufrichtigkeit und Selbstbehauptung. Leisere Töne dürfen Ihr Eintreten für sich selbst nicht ersetzen.

Mitfühlender Führungsstil bei der Arbeit

Es verdichten sich die Hinweise, dass aggressives, selbstbezogenes Führungsverhalten weder die Angestellten motiviert noch ihnen bei der Identifikation mit der Firma hilft. Hingegen sind freundliche und mitfühlende Führungspersönlichkeiten äußerst förderlich. Sie wecken im Einzelnen die Vorstellung von einem gemeinsamen »Wir« (statt des sonst üblichen »die gegen uns«) und von Gruppenzugehörigkeit. Mitgefühl und Empathie mobilisieren das Beste in einer Firma und bewirken einen geringen Krankenstand.

In einem Interview erklärte Professor Richard Davidson von der University of Wisconsin-Madison: »Wie leitende Angestellte mit Untergebenen kommunizieren, ist ein Thema, mit dem Firmen sich befassen müssen. Ihre Kommunikationsformen variieren in Stil, Ton und Ergebnis ... Aggressive Kommunikation von Arbeitgebern zerstört das gesunde Hin und Her eines Gesprächs, um eine nach außen und innen produktivere Reaktion des Arbeitnehmers zu erzwingen. Es gibt wissenschaftliche Belege dafür, dass positive Emotionen wie Mitgefühl, Güte und Lob eine äußerst konstruktive Wirkung auf Hirnfunktion, psychologisches Wohlbefinden, körperliche Gesundheit, Motivation und persönliche Beziehungen haben.«

In seinem Buch *Leadership: Lehren, die mich durchs Leben führten* (Hamburg 2013) erinnert sich Colin Powell, ehemaliger Außenminister der USA, an eine Begebenheit aus seiner Kindheit. Seine Kirche nahm einen älteren Priester auf, der in Not geraten war, denn Güte heiße nicht nur, nett zu sein, sondern auch, einen

Mitfühlender Führungsstil, mitfühlendes Leben

Übung: Mitgefühl in einer Gruppe

1 Notieren Sie in Ihrem Tagebuch, wie es war, als Sie zuletzt eine Gruppe angeführt haben.

2 Welche Ihrer Eigenschaften haben die Gruppe vorangebracht und inspiriert? Welche erschienen Ihnen kontraproduktiv?

3 Nun nehmen Sie sich vor, Schritt für Schritt mit liebender Güte das zu verstärken, was förderlich ist, und das abzubauen, was Sie und Ihre Gruppe behindert.

4 Unterstützen Sie sich, indem Sie sich Sätze sagen wie: »Möge ich geduldig sein und jeden loben, auch wenn sein Beitrag noch so klein ist.« Oder: »Möge ich Toleranz aufbringen, wenn … (Name einfügen) etwas nicht hinbekommt, und freundlich bleiben, wenn ich frage, wie ich bei der Überwindung von Hindernissen helfen kann.«

Mitmenschen als solchen zu erkennen und ihm die ihm Fürsorge und den geschuldeten Respekt entgegenzubringen. Powell sagte außerdem: »Man liegt nie falsch, wenn man allen im Gebäude mit Respekt, Rücksicht und einem freundlichen Wort begegnet.«

Für mich ist jede Gruppe, die aus mehr als zwei Personen besteht, eine Art »Firma«. Ob sie arbeitsbedingt zusammenkommt, als gemeinnützige Organisation, Familie oder Freundeskreis, der regelmäßig einem gemeinsamen Hobby nachgeht, wer immer die Gruppe führt (auch wenn sich mehrere abwechseln), muss das Wohl der ganzen Gruppe im Sinn haben, damit alle Freude haben und ihr Bestes geben.

Kapitel 8

Wenn Mitgefühl mein Herz erfüllt

Wenn Mitgefühl mein Herz erfüllt,
es frei ist von aller Begierde,
sitze ich still wie die Erde.
Mein stummer Schrei hallt wie Donner
durch das Universum.

Dschalal ad-Din ar-Rumi (1207-1273)

Register

A

Achtsamkeit 6, 19, 70, 75, 122
Akzeptanz 11, 21, 89, 108, 112, 114
Amygdala 72, 74
Angst 18, 34, 50, 81, 86, 91, 102, 112-23, 128
Atmen, mitfühlendes (Übung) 90
Aussehen 21, 54, 57, 61, 122-3
Avesta »Überschreitung« 104

B

Begley, Sharon 73
Besitz 28, 36, 37, 43, 108
Besorgnis 18, 30, 34, 36, 72, 91, 112, 115, 118, 122, 128
Bewusstsein 18, 20, 90, 102, 115, 118
Bindung 34, 50, 84-95
Bock, Ute 38
Brooks, David 20
Buddha 8, 76
Buddhismus 36, 72, 126

C

Campbell, W. Keith 48
Charakterstärke 8
Clapton, Eric 134
Cortex, präfrontale 74
Cortisol 34

D

Dalai Lama 8, 36, 70, 72, 74f., 99, 128
Dankbarkeit 20, 28, 34-43, 50, 57, 123
Dankbarkeit, achtsame Körperwahrnehmung der (Übung) 57
Darwin, Charles, »Überleben des Stärksten« 8, 20
Davidson, Richard 70, 72, 75, 136
Depression 50, 81, 84, 88, 94
Destruktive Emotionen 6, 54, 72, 98, 114
Dickens, Charles Weihnachtsgeschichte 42
Du Pré, Jacqueline 81
Dylan, Bob 134

E

Eckhart, Meister 56
Egoismus 6, 37, 50, 60, 84, 98, 131f.
Ego 50, 54, 84
Einsamkeit 18, 86, 118
Elektroenzephalografie (EEG) 72
Eltern 22, 44, 54, 56, 84, 86, 88f., 102
Eltern-Ich 54, 56
Emotionen 18, 30, 73, 84, 112
  destruktive 6, 54, 72, 98, 114
  emotionale Anbindung 50
  emotionale Heilung 18, 20
  Angst 114
  und Musik 134
  negative 20, 98
  positive 136
Empathie 6, 8, 20, 28-44, 50, 75, 136
  (siehe auch Mitgefühl)
  empathisches Zuhören 132
  und Führung am Arbeitsplatz 136
Essstörungen 122
Erwachsenen-Ich 54, 56
Erziehung 54, 56, 84-89, 128

F

Foster, Rick 34
Frieden 19, 22, 43, 75f., 86, 91f., 100, 103, 108, 131
Friedensfrauen 38
Friedensnobelpreis 128
Führung, und Mitgefühl 134, 136
Fürsorge 84, 86, 120, 122, 137
  Magnetresonanztomograf (MRT) 68, 72f.

G

Gallese, Vittorio 30
Gandhi, Mahatma 8, 77, 128f.
Gebet 22, 134
  »Erde, lehre mich« 120
  »Liebe ist Vergebung« 104
Germer, Christopher 20, 123
Geben 34, 38, 42
Gehirn 16, 34, 84, 86, 93, 112, 114, 136
  mitfühlendes 30, 68-81
Gilbert, Paul 20, 68, 112
Gleichgewicht 19, 54, 70
Glück 19, 34, 37, 60, 74, 109
Graham, Jonathan 108
Goenka, S. N. 109
Goleman, Dr. Daniel 75
Gott 22, 44, 104
Gottman, John 132
Grellet, Stephen 28
Großzügigkeit 20, 28 (Definition), 36
– als Herausforderung (Übung) 42
– entwickeln (Übung) 43
  Menschen und – 36
Gruppen, Mitgefühl in 137

Güte 11, 16, 18, 28, 50, 60, 78, 86, 101, 120, 126, 136f.
  Bambemba-Stamm 100
  und Empathie 30
  und Großzügigkeit 36, 42f.
  und Menschenliebe 20f.
  und Metta 76f., 98, 103

H
Haidt, Jonathan 20
Hanson, Rick 75, 100, 130f., 135
Harrison, George 134
Haustiere 20, 94f.
Herbert, George »Love (III)« 24
Herzensgüte 20, 28-44
Heilung 89, 108
  emotionale 18f.
  emphatisches Zuhören 30
  unfreundliches Verhalten 100
Hicks, Greg 34
Hirst, Judy 22
Hormone 34, 86, 94
  Cortisol 34
  Oxytocin 34, 86, 94
Horten 28, 36
Hunde 92f.

I
Interaktion 34, 132

K
Kabat-Zinn, Dr. Jon 75
Kampf-oder-Flucht-Reaktion 68, 112
Katzen 72, 92, 112
Kavafis, Konstantinos 116
Kernüberzeugungen 132
Kikusui, Takefumi 94
Kinder und Kindheit
  Bindung 36, 132
  Kindheits-Ich 54
  Geborgenheit 84
  Herzensgüte 20
  Narzissmus 50
  Inneres Kind 118
  Selbstbewusstsein 84
  Beruhigende Umarmung 86
King, Martin Luther 8, 128
Körper 22, 23, 37, 44, 75, 86, 103, 126, 135, 136
Körperkult 122f.
Körperwahrnehmung der Dankbarkeit, achtsame (Übung) 57
Kommunikation, mitfühlende 132
Kommunikation mit Angestellten 136
Konfuzius 55
Kornfield, Jack 100
Krankheitsbild 28
Krebs 94, 114, 128
Kritisieren 20, 54, 62, 86, 118, 132
Kutmon, Lisa 44

L
Leary, Mark R. 11
Leid 18, 20, 34, 36, 44, 62f., 65, 72ff., 77, 78, 84, 98, 100, 104, 114f., 120, 126, 134
Liebe 8, 19, 22, 24, 33, 36f., 48, 75ff., 88ff., 104, 108, 122
Liebende Güte, *siehe* Metta
Lotos-Blume 4, 6, 65

M
Magersucht 122
Maimonides 34
Margarete Reichtnichtaus 60
Margulis, Elizabeth Hellmuth 68
»Mary and Martha« 115
Meditation 19, 22, 70, 81
  Vipassana 109
  Großzügigkeit entwickeln 43
  Achtsame Körperwahrnehmung der Dankbarkeit 57
  Wie Mitgefühlsmeditation das Gehirn beeinflusst 72
  Metta-Meditation 76f., 92, 98, 103
  Mind and Life Institute 75
  und Narzissmus 50
  Die Wurzeln der Tränen 65
Medizin 6
Menschenliebe 20
Merton, Thomas 18
Metta (liebende Güte) 8, 20, 36, 74, 92, 98, 137
Metta-Meditation 76f., 92, 98, 103
Metta-Retreat 6, 19,
Mitgefühl (*siehe auch* Empathie)
Mitgefühl, Definition von 98
Motivation 136
  Selbst Anreize schaffen 119
Musik 22f., 68, 134

N
Nagasawa, Hiho 94
Narzissmus 48-55
Natur 68
Neff, Kristin, 20, 54, 62f.
  Bindung 84
  und der »Körperkult« 122f.
  emotionale Heilung 20
  Vergebung 100f.
Nhat Hanh, Thich 65, 126ff.

O
Orientierungslosigkeit 18

P

Perfektion 54, 122-3
Physische Erscheinung 57
Posttraumatische Belastungsstörung 20
Powell, Colin 136-7
Präfrontale Cortex 74
Psychotherapie 6
Puls, John 107

R

Ricard, Matthieu 72ff.
Rumi, Dschalal ad-Din ar-
»Einen Kuss« 12
»Die Macht der Liebe« 33
»Wenn Mitgefühl mein Herz erfüllt« 138

S

Salzberg, Sharon 16
Scham/Beschämung 18, 98, 100
Schönheit 50, 122
Schreiben, mitfühlendes 22
Schuldgefühle 98, 100
Selbstkritik 20, 21, 62f., 86
Selbstversunkenheit 115
Selbstannahme/-akzeptanz 84, 86
Selbstbewusstsein 54
Selbstmitgefühl 18f., 98 (Definition)
für den Körper (Übung) 123
Selbstvertrauen 50
Selbstkritik 21, 54
Selbstzweifel 18
Selbstlosigkeit 6
Selbstmord 50
Selbstliebe 6, 8, 11, 19, 21f.
Selbstbesessenheit 20, 52
Seneca 38
Shankar, Ravi 134
Sicherheitsempfinden 77, 84, 91f.
Songs, als Gebet 134
Spiegelneuronen 30
Spirituelle Lehrer 8, 19
Starr, Ringo 134
Stephenson, Helen 22
Streit, mitfühlender Umgang mit 130f.
Stress 34, 94
Suu Kyi, Aung San 128

T

Tagebuchschreiben 11
Teamarbeit 28
Teilen 30, 37
Tibetische Mönche 70, 72f., 78
Tierwelt 92ff.
Tomasello, Michael 20
Ton 132, 135
Transaktionsanalyse 54
Trauer 108
Trauma 20
Traurigkeit 18, 44
Twenge, Jean M. 48

U

Überlegenheit 54
Übungen 21f., 42, 43, 56, 57, 62f., 76, 86, 90f., 95, 102f., 109, 115, 118f., 123, 130, 134, 136
Umarmung 86
Unfreundlichkeit 22
Universeller Dualismus 54
Unvollkommenheiten 21
Ute-Gebet »Erde, lehre mich« 120

V

Vedische Meditation 65
Verbitterung, Befreiung von 101
Vergebung 37, 98-109
Vergangenheit, Befreiung von 18
Verhalten, unfreundliches 100
Verlassen 86
Verlustängste 37
Vernachlässigung 86
Versagensangst 114, 118f.
Vertrauen 34, 94
Verzweiflung 126
Vipassana-Meditation 109
Visualisierung 21, 43, 62f., 76f., 89, 91

W

Widerstandskraft 84
Williams, Charles 108
Willis, Carolyn M. 94
Wohlergehen/-befinden 11, 34, 75f., 84
Wohlwollen 18, 20, 54
Wut/Zorn 18, 98, 108, 128

Z

Zak, Paul J. 34ff.
Zögern 112, 114f.
Zuhören, empathisches 30
Zukunftsangst 18
Zuneigung 74, 86
Zurückweisung 22, 86

Die Autorin

Dr. Patrizia Collard ist Psychologin, Psychotherapeutin und Lehrbeauftragte an der University of East London. Zur Achtsamkeitstrainerin wurde sie u.a. ausgebildet von Jon Kabat-Zinn. Sie hält regelmäßig erfolgreiche Achtsamkeitsseminare in London und Wien ab. Auf Deutsch ist von ihr 2016 der *Spiegel*-Bestseller »Das kleine Buch vom achtsamen Leben« erschienen.

http://www.stressminus.co.uk

Dank

Ich danke all den wunderbaren Frauen und Männern, die mich dazu inspiriert haben, diese Anleitung zum Selbstmitgefühl zu schreiben. Bernhard, der mich nimmt, wie ich bin, und der ein mitfühlendes Leben führt.

Helen Stephenson, meiner Freundin und Kollegin, die mein Leuchtfeuer ist und mich so großzügig an ihren Ideen teilhaben lässt. Meiner Mama, die in meiner Kindheit so liebevoll war und mich noch immer von ganzem Herzen liebt. Liz Dean und Sybella Stephens, meinen Verlegerinnen, die mich im Verlauf des gesamten Projekts mit kluger Inspiration und Geduld unterstützt haben. Meinen Lehrern: John Teasdale, Paul Gilbert, Kristin Neff und Chris Germer, die ihre Weisheit so freundlich und voller Mitgefühl an mich weitergereicht haben. Allen Wesen, die auf diesem Weg Lehrer waren, ob wissentlich oder unwissentlich.

Bildnachweis

Alamy Amana 127; Bernd Mellmann 104-105; George Mayer 12-13; Jim Holden 133; Rafael Ben-Ari 31

Corbis John W Gertz 71; Martin Puddy 118-119; Ocean 52-53, 55; Radius Images 40-41; Rana Faure 38-39; Stefan Wackerhagen/imagebroker 58-59; Stuart Cox 32-33

Fotolia anitasstudio 2; B and E Dudzinscy 16-17; svedoliver 73; tore2527 18-19

Getty Images Abby Marshall 7 oben rechts; Assembly 102-103; Borut Trdina 64-65; Carole Drake 113; Datacraft Co Ltd 10-11; Jamie Grill 35; Jasmina 120-121; Keystone-France 129; Meg Takamura 7 unten links; Mitsushi Okada 100-101; Nicky Bond 109; RyanJLane 95; Stepan Popov 29

Glow Images DAJ 42-43; Michael Steines 24-25; Purestock 141; Rashelle Engelbrecht/Anka Agency 80-81

PlainPicture Anna Matzen 99

Shutterstock DwaFotografy 69; Filip Fuxa 48-49; Galyna Andrushko 130-131; iravgustin 79; Kotomiti Okuma 85; Sundari 51; WDG Photo 8-9

SuperStock Image Source 7 unten mittig; Zen Shui 7 mittig links

Thinkstock Comstock 44-45; Hemera 7 oben links; iStockphoto 7 unten rechts, 92-93, 104-105, 116-117, 138-139; Stockbyte 87